일본의 주민자치조직: 자치회

일본의 주민자치조직: 자치회

저자 김병국·권오철

인쇄 2014. 9. 18
발행 2014. 9. 18

발행처 조명문화사
발행인 이재영

등록번호 제2-846호
등록일자 1989.7.13.

주소 서울특별시 성동구 뚝섬로 4길 28
전화 02-498-3017
홈페이지 www.cmpress.co.kr

ISBN 978-89-7257-426-2
값 12,000원

일본의 주민자치조직: 자치회

김병국
권오철

도서출판 조명문화사
CMPress

| 서문 |

개인의 삶은 공동체를 배경으로 한 상호 간 작용에 의해 영위된다. 개인들은 지역을 기반으로 상호 간에 빈번한 교류를 함으로써 공동체를 형성한다. “주민과 공동체”라는 용어가 민선 지방자치 20년이 지난 최근 우리나라 지방자치 역사에 중요한 이슈로 등장하고 있다. 이렇듯 「지역공동체」에 대한 관심이 증폭되면서 읍면동 주민센터 및 주민자치위원회, 주민자치회, 마을기업, 다문화협동조합 등 다양한 용어들이 제시되고 있다.

국가 차원에서 “주민자치의 실현”이라는 가치 하에 「지방분권 및 지방행정체제 개편에 관한 특별법」에 근거하여 「주민자치회」의 전국적 확산을 위한 시범사업을 추진하고 있다. 2013년 중반부터 2014년 말까지 이어지는 주민자치회 시범사업은 읍면동 단위에 주민자치회를 설치하여 풀뿌리 자치의 활성화와 민주적 참여의식을 고양하는데 목적을 두고 있는데, 전국적으로 31개 읍면동에서 추진되고 있다. 주민자치회의 시범사업은 주민자치의 인식을 제고하고 위원들의 위상을 제고하면서 민관협력의 체계화를 하는 데 도움을 주었지만, 주민자치회의 원활한 운영을 위한 대표성, 전문성, 독립성 등에 일부 한계를 보이고 있다. 지역특성에 부합되는 구조로 운영되는가, 수행기능의 적합한 분배가 이루어지고 있는가, 재원의 중앙재원 의존성이 많지 않은가, 독자적 추진역량을 확보하고 있는가, 조례 등 법규적 뒷받침이 취약하지 않은가, 위원들의 역량과 책임성의 한계가 있지 않은가, 지역 내 다른 공동체와의 협력체제가 잘 구축되어 있는가 등에 대한 논의가 한창 진행 중이다.

이러한 차제에 일본의 주민자치 조직인 자치회(정내회)의 구조와 운영사례를 통한 시사점을 찾아보는 것이 향후 우리나라 주민자치회 정착에 도움이 된다고 판단하여 본 책자를 발간하게 되었다. 일본의 자치회는 정치적 목적을 가진 것으로 출발하였지만 현재는 근린자치로서의 순수한 기능을 가장 효과적으로 수행한다고 할 수 있다. 일본 자치회는 우리나라의 통리 단위 수준에서 전국적으로 설치되어 있고, 읍면동 단위에는 지구자치회가 존재하며, 시군구 단위에는 연합자치회가 존재하는 등 체계화되어 있고 동시에 기능적 분담도 효과적으로 되어 있다. 그리고 일본 자치회는 형식적이지 않은 실질적인 참여를 전제로 마을축제, 방범 활동 등을 왕성하게 행하고 있다. 향후 우리나라의 주민자치회가 순수한 근린자치적 기능을 보유하기 위해 벤치마킹할 좋은 사례라고 할 수 있다. 이를 위해 일본 자치회에 대한 제도는 물론 사례(카와사키시, 미토시)분석과 우리나라 주민자치회와의 비교 등을 행하였다.

본 책자를 통해 주민자치제도와 정책을 다루는 공무원은 물론 현장에서 직접 주민자치활동을 하시는 주민자치위원, 그리고 지역 내 다른 공동체 활동을 하시는 모든 분이 성공적 모델이라고 할 수 있는 일본의 자치회에 대한 심도있는 이해를 하고, 이를 기반으로 우리나라 주민자치회의 활성화 및 풀뿌리 민주주의 정착을 위한 정책개발에 도움이 되기를 바란다.

2014년 9월
서초동 자치의숙에서
저자 김병국·권오철

| 차례 |

자치회의 의의

1. 자치회의 개념 및 특징

가. 주민자치조직에 대한 개념

자치회[1]를 포함한 일본의 주민자치조직을 어떻게 볼 것인가에 대하여 사전적 의미를 살펴보면, 일본에서 발행되는 국어사전(大辞林)에서는 자치회를 "동일 지역의 거주자 또는 민간단체가 자신들의 사회생활을 자치적으로 운영해 가기 위하여 만든 조직"으로 규정하고 있다. 한편 우리나라의 온라인행정학사전은 좀 더 구체화하여 다음과 같이 설명하고 있다. "일본 지역주민의 자치적 친목조직으로 정내회(町内会), 정회(町会), 자치회(自治会)로도 불린다. 일정 지역에 거주하는 모든 세대 또는 일정 지역에서 영업하는 모든 사업소가 가입할 수 있는 임의단체로

1) 일본의 주민자치조직은 종래 정내회란 이름으로 알려져 왔으나, 최근에는 자치회란 명칭이 가장 큰 비율을 차지하고 있다. 때문에 본 서에서는 자치회를 주민자치조직을 통칭하는 의미로 사용한다.

서, 지역 내에서 일어나는 다양한 문제들에 공동으로 대처하고 지역대표로서 지역관리를 담당하는 자치적 주민조직을 의미한다."

참고로 일본의 지방자치단체에서는 자치회를 일반적으로 지역 과제해결을 위한 자주적 주민조직으로 이해하고 있다. 다음은 토요나카 시(豊中市)의 자치회 소개이다.

> 자치회는 회원 상호간의 친목 및 복리향상을 목적으로, 또 살기 좋은 지역사회 만들기를 목표로 자주적으로 결성·운영되는 시민조직으로서 지역의 다양한 과제해결에 큰 역할을 하고 있습니다. 지역사회가 안심·안전하게 살기 위해서는 평소 한 사람 한 사람이 지역사회에 관심을 가지고 주민 간 네트워크를 가지는 것이 중요합니다. 지역에서의 정보공유나 세대를 초월한 교류·이벤트의 개최 등, 자치회의 역할은 향후 더욱 중요하게 될 것입니다.

자치회를 어떻게 볼 것인가에 대해서는 크게 세 가지 관점[2)]–전근대적 집단설, 특수일본적 집단설, 생활기능 집단설–이 제기된다. 그러나 현대의 자치회는 생활기능 집단설에 근거하여 다양한 주민단위 활동이 이루어지는 집단으로 이해되며, 앞서 제시한 자치회의 개념 역시 이에 근거한 것이다.

나. 자치회의 특징

자치회의 특징에 대해서는 다수의 논자들에 의하여 다양하게 이야

---

2) 자치회에 대한 3가지 이론은 자치회의 역할과 생성과정을 보는 시각에 따라 특징적으로 행정에의 종속적 생성과정에 초점을 두는가, 일본 특유의 지역 단위조직에 초점을 두는가, 아니면 지역 문제해결을 위한 생활자치의 단위로 보는가의 차이를 갖는다. 이에 대한 상세한 설명은 東海自治体問題研究所(1984; 21-29)를 참조.

기되고 있지만, 가장 대표적인 논의는 나카다 미노루(中田実)가 제시한 다음의 다섯 가지이다.[3)]

첫째, 지역구획성이다. 자치회는 일정한 지역 단위(구획)를 가지며, 이 구획은 상호 간에 중복되지 않는다. 이는 일정한 구획 내 세대를 구성원으로 그 구획에는 동종의 단체가 존재하지 않는 것을 의미한다. 자치회의 이러한 구획성은 특히 주민조직이 지역자치조직인 경우 자치가 미치는 범위를 명확히 하여야 한다는 측면에서 중요하다. 그 때문에 자치회는 '영토'가 있다고 보는 견해도 있다.

둘째, 세대단위이다. 자치회는 공동생활에 기반을 두는 조직이기 때문에 생활단위인 세대를 단위로 하여 구성된다. 더하여 지역 내의 기업체, 변호사사무실 등 단체의 가입도 가능하다. 세대단위의 가입이 과거 호주중심주의라는 봉건적인 특성을 반영한 것이라는 비판적 입장도 있지만, 지역활동의 경우 세대단위로 참여하는 것이 수익이나 부담 면에서 합리적이라고 보는 견해도 있다. 구체적으로 자치회의 주요 활동이 방재문제, 쓰레기처리 등 공동생활적 요소를 포함하고 있기 때문이다. 그러나 개인의 자발적 의사를 출발점으로 하는 근대 집단의 원리에서 세대단위는 전근대적 조직으로 비판의 대상이 되기도 한다. 또한, 최근 가족형태의 다양화 역시 세대단위 구성의 어려움을 만들어내고 있는 실정이다.

셋째, 전세대 가입이다. 실질적 가입률은 자치회마다 상이하지만, 원칙적으로는 전세대 가입을 기본으로 한다. 그러나 법적 강제성이 없고, 가입과 탈퇴가 자유로워 거주지역 이외의 지역에 위치한 자치회에도 가입이 가능하다. 이와 관련하여 2005년 4월 일본최고재판소는 '자치회 탈퇴는 자유'라는 판결을 내려 의무적 가입의 문제는 없어졌지만,

---

3) 中田実(2007), 地域分権時代の町内会·自治会, 自治体研究社, pp.13-21 참조

동 판결에서 탈퇴는 자유지만 '그곳에 사는 한 공익비의 부담은 면해질 수 없다'고 판시하여 공동체 구성원으로의 책임은 피할 수 없다는 점을 또한 명시하고 있다.

넷째, 포괄적 관여성이다. 자치회는 지역의 여러 과제에 대하여 포괄적 관여형태를 취하는 바, 공적-공동-사적 분야 전반에 걸쳐 다양한 사업을 담당한다. 다시 말해 자치회는 행정과의 관계에서 파생되는 위탁사업은 물론 공동협력에 의한 사업을 수행하는 것은 물론, 사적인 문제(예컨대 정치적, 종교적 활동 등)까지를 활동대상으로 한다. 특히 행정과의 관계에서는 기초자치단체의 행정을 보완해 주는 역할을 수행한다. 일본의 행정체계는 광역자치단체인 도도부현(都道府県)과 기초자치단체인 시정촌(市町村)으로 구성되어 있는데, 자치회는 시정촌 산하에 위치하는 주민자치조직으로 운영되고 있다.[4)]

다섯째, 지역대표성이다. 자치회는 위에서 제시한 여러 기능의 수행결과로서 행정이나 외부의 제3자에 대하여 지역을 대표하는 조직이 된다.

이상의 다섯 가지 특성은 자치회의 모습을 보여주는 동시에, 자치회를 보는 관점에 따라 자치회를 비판하는 요인이 되기도 한다.

다. 자치회의 기능

자치회의 기능과 역할을 어떻게 볼 것인가에 대하여 이와사키 노부히로(岩崎信彦)는 파슨즈(T. Parsons)의 기능분석모형(AGIL model)을

---

4) 행정과의 관계에 대해서는 후술하는 「자치회와 지역사회관계」에서 보다 상세하게 설명한다.

원용하여 자치회를 다음 그림과 같이 분석하고 있다.[5)]

〈그림 1〉 자치회의 기능

첫째, G는 목표달성(goal attainment) 기능으로서, 보다 구체적으로 설명하면 그 집단의 목표달성을 위하여 특수하게 수행되는 기능으로 일반사회에서의 정치가 여기에 해당되며, 자치회 단위에서는 '공동생활을 위한 환경, 조건의 정비 및 보전' 기능이 여기에 해당한다. 관련 기능을 보다 세분하여 보면 ① 지역의 객관적 생활기반 정비 : 도로, 배수구, 상하수도, 가로등, 녹화, 교통, 교육시설 등의 정비, ② 공동생활의 방위 : 방범, 소방, 교통안전, 공해제거, 근린건조물의 규제 등, ③ 지역복지활동 : 청소년비행방지, 노인복지, 장애인복지 등이다.

둘째, I는 사회적 통합(integration) 기능으로 자치회 단위에서도 통합과 조정의 문제가 해당된다. 기능을 구체적으로 보면 ① 상호부조 : 장례의 상호부조, 공동구입, 이웃 간 고충의 처리 등, ② 세대 대상의 활동

---

5) 岩崎信彦·上田惟一·広原盛明·鯵坂学·高木正朗·吉原直樹(2013), 町内会の研究, 御茶の水書房, pp.418-421 참조

과 지원 : 청소년 육성활동, 경로회, 어린이회, 부인회, 노인회 등에 대한 지원, ③ 전통보존 : 자체적 전통행사, 광역적 전통행사 참여, ④ 전세대 가입제 : 세대를 단위로 전원가입 및 촉구 등이다.

셋째, L은 잠재(latent) 기능으로 개인들이 가지고 있는 보편적 속성으로서, 사회 전체적으로는 문화가 해당되며, 자치회 단위에서는 지역문화형성의 토대가 되는 의견교환·합의형성과 개성·공동감정의 표출 등이 해당된다. 보다 구체적으로 보면, ① 조직 내의 친목·교류활동 : 레크레이션(운동회, 하이킹 등), 축제, 친목회 등, ② 총회·임원회, 학습회·연수회의 개최, 회보·회지의 발행 등이다.

넷째, A는 적응(adaptation) 기능으로 사회 전체적으로 경제기능이 해당하며, 자치회의 단위에서는 공적 내지는 공동의 자원조달 기능이 포함된다. ① 회비징수에 의한 재정기초 확립 : 회비납부를 통해 자치회의 멤버십을 확인하고, 재정기초를 구축, ② 행정협력활동 : 자치단체에의 협력, 적십자회비 모금 등 공적 업무분담을 통하여 일종의 공적 권위 획득, ③ 행정에 대한 진정활동 : 행정협력의 대응적 차원으로 행정에 대한 요구활동, ④ 지역단체에 대한 지지, 원조 : 체육진흥회, 소방분단, 소년보도위원회 등 학교구 레벨의 단체에 대한 재정적 지지와 활동지원, ⑤ 자치회 재산의 관리·운영 등이다.

이상에서 4가지 차원에서의 자치회의 기능을 이야기하였지만, 모든 자치회가 동일한 기능을 동일한 비중으로 수행하는 것은 아니다. 각각의 자치회가 가지는 특성에 따라 4가지 차원의 기능들이 상대적 중요도를 달리하여 수행되기 때문이다. 이러한 점에서 이와사키는 지역의 유형을 도심정비지역, 난개발지역, 농촌지역으로 나누고, 각 지역별로 존재하는 자치회가 위의 기능들 중 어디에 특히 중점을 두는가를 분석하였다. 이를 통해 이와사키는 도심정비지역의 자치회가 G '공동생활의 방위'와 L '친목'에 상대적으로 중점을 두고 있는 반면, 난개발지역의 자치회는 G '생활기반정비'와 '공동생활방위', L '친목', I '세대적 집단'에 관심이 높다고 설명하였다. 그리고 농촌지역 자치회의 경우 G '생활기반정비'와 '공동생활방위', A '재산관리', I '세대적 집단'에 특히 상대적 강조점을 두고 있음을 지적하였다.

자치회의 기능은 자치회의 규모 및 지방자치단체의 특성에 따라 차이가 있어 다양하다. 그러나 전체적으로 유사한 기능을 수행하고 있는데, 자치회의 기능을 중심으로 보았을 때 크게 4가지의 유형으로 구분되는 것을 볼 수 있다.

〈표 1〉 자치회의 유형

유형	기능
I 유형	- 만남의 거리를 만드는 커뮤니티 활동 : 축제와 친목여행 등의 개최, 회람판의 회부 등 주민상호연락 등 - 아름다운 거리를 만드는 환경미화 활동 : 쓰레기 집적소의 관리 및 청소, 공원 청소, 꽃의 식재, 리싸이클 활동에의 협력 등 - 활기있는 거리를 만드는 복지 활동 : 어린이회와 장수회에의 협력, 각종 자원봉사 활동 등 - 안전한 거리를 만드는 방범·방재 활동 : 방범등 설치와 유지관리, 지역방범 순찰, 비상용 물자의 비축 및 방재훈련의 실시
II 유형	- 지원의 기능 : 고령자 등 지원, 행사와 어린이회 활동 등 원조 - 전파의 기능 : 각종 홍보의 회람과 포스터 게시, 개최 내용 안내 - 만남의 기능 : 축제와 운동회 개최, 어린이와 고령자의 교류 - 협력의 기능 : 지역의 청소 활동, 방재 및 방범의 계획
III 유형	- 교통안전 및 방범 활동, 문화레크레이션 활동, 방재 활동, 사회복지협력 활동, 쓰레기 수집·관리 활동, 환경미화 활동, 아동회·노인회 등의 활동
IV 유형	- 환경정비활동 : 방재훈련, 방범등 정비, 거리미화, 교통안전운동, 방범·방화활동 - 사회교육활동 : 어린이회, 청소년육성 - 레크레이션활동 : 축제, 운동회, 각종 스포츠대회 - 복리후생활동 : 경로회, 폐품회수 - 문화활동 : 강습회, 강연회, 홍보 및 회보 발행, 게시판 관리

출처: 다수의 일본 시정촌 홈페이지를 참고하여 작성

종합해 보면 일본 자치회의 기능은 순수자치기능과 행정보조기능으로 구별된다고 할 수 있다. 우선 순수자치기능으로는 ① 주민복지증진와 주민상호연락 및 친목도모(경조사업), ② 자치회관의 관리 및 운영, 문화·스포츠, 교통안전 및 방범, 방재 및 재해구조, ③ 공해방지, 보건위생, 간이보험, 녹화사업, 폐품수집, ④ 축제 등의 개최, 기타 수익사업(유치원 등 운영)이 있고, 행정보조기능(동경도 특별구 중심)으로는 ① 구와의 연락, 도 및 구의 각종 위원회 참여, ② 구에 진정, 주민의 요망사항 전달, 주민의사 전달, ③ 지방자치단체와 특별지방행정기관의 수탁사무 수행, ④ 총리부, 일본적십자사, 공동모금회, 경시청(방범연락소), 소방청(소방협력회) 등의 각종 수탁사무 수행 등이 있다.

라. 주민자치조직의 명칭과 수

주민자치조직은 과거에는 정내회란 이름으로 많이 알려졌지만, 최근에는 자치회란 이름이 가장 많이 사용되고 있으며, 이외에도 정회(町會), 부락회, 구회, 구 등 다양하게 불리고 있다. 정내회란 명칭이 일반화된 것은 1940년 정당을 해산하고 일당 독재적인 정치조직으로 역할을 한 타이세이요쿠산카이(大正翼賛会)의 지역단위의 하부조직으로 도심지역에는 정내회를, 농촌지역에는 부락회를 설치토록 한 내무성 훈령에서부터이다. 2차대전 종전 후 점령군은 전쟁지원기관이었던 타이세이요쿠산카이를 해체하면서, 그 하부조직인 정내회와 부락회에 대해서도 해체를 결정하였다. 이 과정에서 일부 정내회는 '○○정내회'란 명칭을 시류를 반영하여 '○○협동조합', '○○자치회'로 변경을 시도하였다. 때문에 정내회든 자치회든 본질적인 차이가 없었고, 점령군은 정내회는 물론 유사명칭을 쓰는 '조합', '자치회'에 대해서도 해체대상에 포함시켰다. 이후 주민자치조직이 부활하면서 부락회란 명칭은 쇠퇴하였고, 정내회와 자치회라는 명칭이 주민자치조직을 대표하게 되었으며, 도시화와 자치가 강조되면서 현재는 자치회란 명칭이 대세를 이루고 있다.

참고로 전국의 주민자치조직 구성실태를 보면, 2009년 4월을 기준으로 전국적으로 294,559개의 조직이 결성되어 있는데, 이 가운데 자치회가 122,916개로 가장 많고, 그다음으로 정내회가 절반수준인 66,905개이며, 그 외 정회, 부락회, 구 등의 명칭으로 존재하고 있다.

〈표 2〉 일본 주민자치조직의 수(2008.4.1. 기준)

구분	자치회	정내회	정회	부락회	구회	구	기타	합계	합계중 인가 지연단체
홋카이도	3,124	10,204	659	213	173	398	696	15,467	824
아오모리 현	539	1,740	720	133	2	30	143	3,307	349
이와테 현	1,638	748	2	304	101	573	739	4,105	280
미야기 현	793	1,643	5	107	64	1,577	624	4,813	226
아키타 현	1,339	2,124	7	862	0	34	908	5,274	657
야마가타 현	912	1,195	185	546	80	329	829	4,076	1,306
후쿠시마 현	686	2,229	393	146	105	2,378	394	6,331	679
이바라키 현	2,236	4,906	317	1	950	2,664	2,385	13,459	558
토치기 현	3,606	249	169	0	1	426	19	4,470	537
군마 현	587	498	111	0	1	1,415	233	2,845	454
사이타마 현	4,704	322	763	0	67	1,072	267	7,195	532
치바 현	3,929	1,038	1,420	291	191	2,157	426	9,452	845
도쿄 도	4,577	471	3,175	0	1	0	738	8,962	809
카나가와 현	5,080	1,531	227	0	13	82	348	7,281	946
니가타 현	2,804	2,914	1	78	61	863	1,461	8,182	1,737
도야마 현	3,311	764	0	22	1	324	123	4,545	892
이시카와 현	16	1,382	1,421	0	92	781	345	4,037	681
후쿠이 현	2,196	274	0	0	87	1,195	127	3,879	671
야마나시 현	1,131	8	0	0	28	937	66	2,170	170
나가노 현	1,521	1,311	2	128	126	2,472	1,545	7,105	1,037
기후 현	4,453	461	0	0	146	367	35	5,462	944
시즈오카 현	1,995	2,008	0	217	269	614	48	5,151	1,304
아이치 현	2,497	7,849	129	57	35	934	1,717	13,218	1,206
미에 현	4,264	67	29	0	2	716	22	5,100	892
시가 현	2,374	504	0	0	0	512	132	3,522	777

교토 부	1,512	688	1	2	0	1,061	190	3,454	565
오사카 부	6,005	106	6,264	0	2	249	356	12,982	602
효고 현	7,291	899	75	9	4	777	1,524	10,579	1,397
나라 현	3,377	246	32	0	6	218	58	3,937	356
와카야마 현	1,849	872	0	0	101	903	215	3,940	451
돗토리 현	1,004	442	25	467	3	309	656	2,906	449
시마네 현	3,163	2,689	0	0	1	152	332	6,337	736
오카야마 현	2,341	4,112	0	88	14	482	4,338	11,375	1,101
히로시마 현	1,942	2,954	1	28	0	1,501	2,023	8,449	660
야마구치 현	6,122	297	0	144	7	152	606	7,328	839
도쿠시마 현	2,228	1,821	189	433	91	114	816	5,692	90
카가와 현	6,892	1	0	0	0	0	2	6,895	948
에히메 현	2,564	1,079	0	297	56	1,178	265	5,439	462
고치 현	454	1,270	204	1,652	515	39	571	4,705	214
후쿠오카 현	1,870	1,024	1,103	30	77	2,562	4,755	11,421	1,592
사가 현	1,122	13	0	76	19	1,012	528	2,770	839
나가사키 현	2,865	787	3	4	189	216	423	4,487	869
구마모토 현	1,637	290	0	280	18	2,932	507	5,664	1,164
오이타 현	2,878	75	1	0	6	1,109	339	4,408	765
미야자키 현	714	0	0	0	246	751	2,145	3,856	646
카고시마 현	4,072	765	1	243	29	124	2,022	7,256	1,282
오키나와 현	702	35	0	45	0	189	100	1,071	224
합계	122,916	66,905	17,634	6,903	3,980	38,880	37,141	294,359	35,564

출처 : 共同通信(2009), 日経グローカル, No.122, p.47.

다음 자치회의 규모, 다시 말해 가입세대수를 살펴보기로 하자. 자치회의 규모에 대해서는 전국적인 전수통계자료가 나와 있지 않기 때문에, 지금까지의 조사 중 전국단위의 최대 규모인 츠지나카 유타카(辻中豊), 로버트 페카넌(Robert Pekkanen), 야마모토 히데히로(山本英弘)의 조사결과를 통해 실태를 살펴볼 수 있다. 아래 표에서 보는 바와 같이 자치회의 규모는 50세대 미만에서부터 500세대 이상까지 다양한데, 50세대 미만이 32.9%로 가장 많고, 50~99세대가 19.1%, 100~199세대 17.7%, 200~499세대 18.5%, 그리고 500세대 이상의 거대 자치회도 11.7%에 이른다. 자치단체 인구규모별로 볼 경우 5만 이하의 소규모 자치단체에서는 50세대 미만의 자치회가 34.7%로 가장 많이 분포하는 반면, 50만 명 이상의 대규모 자치단체에서는 200~499세대, 500세대 이상의 자치회가 각각 32.0%, 31.4%로 가장 분포가 높아 자치단체 규모별로 차이가 있음을 알 수 있다. 발족시기별로 보면 100~199세대 규모의 자치체는 시기에 관계없이 일정 비율을 보인 반면, 거대 자치회의 경우 200~499세대 규모 자치회는 80년대 이후, 500세대 이상 자치회는 60년대 이후 신규 발족이 현저히 줄어드는 모습을, 그리고 50세대 미만 자치회의 경우 80년을 전후하여 증가하는 모습을 보여주고 있다. 이러한 점은 커뮤니티를 중심으로 생활자치를 실천해 나가는 과정에서 적정규모를 찾아가고 있는 것으로 볼 수 있을 것이다.

〈표 3〉 자치단체의 인구규모·발족 시기별로 본 자치회 가입세대수

(단위 : %)

구분		50세대 미만	50~99 세대	100~199 세대	200~499 세대	500세대 이상	N
자치단체 인구	5만 명 미만	34.7	26.6	20.5	14.0	4.2	5,773
	5~10만 명 미만	27.3	22.7	23.3	18.5	8.2	3,348
	10~20만 명 미만	21.8	20.3	23.8	22.8	11.2	3,134
	20~50만 명 미만	23.7	20.9	20.9	23.7	10.8	3,246
	50만 명 이상	6.0	10.2	20.4	32.0	31.4	2,065
발족 시기	알 수 없음	36.6	24.9	19.3	13.7	5.4	6,717
	1945년 이전	22.7	20.7	22.0	20.9	13.6	1,776
	1946~55년	16.1	17.3	20.6	24.9	21.1	1,888
	1956~65년	14.8	15.2	23.4	27.5	19.0	1,378
	1966~75년	9.7	18.0	25.2	31.3	15.7	1,608
	1976~85년	12.6	18.8	25.4	30.0	13.2	1,125
	1986~95년	21.5	21.3	24.8	22.9	9.5	656
	1996년~	29.2	22.2	25.6	19.2	3.9	767
전체		32.9	19.1	17.7	18.5	11.7	17,908

출처 : 辻中豊, ロバート·ペッカネン, 山本英弘(2009), 現代市民社会叢書1 : 現代日本の自治会·町内会—第1回全国調査にみる自治力·ネットワーク·ガバナンス, 木鐸社. p.50.

2. 자치회의 연혁

가. 2차 세계대전 종전 이전의 주민조직

자치회의 원형을 어디에 둘 것인가에 대해서는 다양한 견해가 존재하지만, 일반적으로 지역사회학에서는 근세의 5인조(五人組)에 기원을 두며, 이후 근대에 들어와 명료한 모습을 갖추게 된 것으로 본다.[6] 전후 GHQ(연합국 최고사령부)의 연구에서는 정내회 조직의 기원을 다이카개신(大化改新, 645년) 때의 5인조인보제도(五人組隣保制度) 까지 거슬러 검토하였다. 근대초 전통적 근린조직으로서 정내회는 1888년 새로운 지방자치제도인 시제·정촌제(市制·町村制)법의 시행으로 해체되었다가, 1923년 관동대지진 이후 전쟁물자 조달, 인력동원 등을 위한 전시동원체제, 지역방위체제 목적으로 재조직되어 법적 지위를 가진 시정촌의 하부조직으로 재탄생되었다. 이후 중일전쟁 (1937년~) 때부터 근대화된 형태로 조직화되기 시작하여 1940년 내무성 훈령으로 완성되었다. 도시에는 정내회, 정촌에는 부락회가 국가에 의해 정비되어 상부단체로서 시정촌 수준의 연합조직(聯合組織), 그리고 하부조직[隣組]이 구성되었다.

나. 종전 이후의 주민조직

1947년 5월 GHQ는 포츠담정령 15호의 공포에 의해 주민조직인 정내회를 군국주의를 유지하기 위한 조직이라 하여 결성을 금지하고 해산

6) 5인조는 주민통제 및 관리의 시스템으로 마을촌장의 지휘하에 5호(戶) 안밖으로 1조(組)를 구성된 연대책임·상호감시·상호부조의 단위이다.

하였다. 그러나 해산 3개월 후 약 80% 가까이가 명목을 바꾸어 재건하였고, 1951년 샌프란시스코 강화조약과 1952년 점령종료에 따른 정령취소의 기간 동안 거의 모든 지역에서 정내회, 자치회 등이 구성되었다.

1960년대 일본경제의 고도성장기와 함께 지역연대의식의 약화, 핵가족화의 진행, 생활권의 확대 등에 따라 가족제도를 기본으로 한 지역공동체에 많은 변화가 생겼다. 또한 공해와 같은 새로운 지역과제가 나타나고, 주민운동이 활발해지면서 전통적인 정내회, 자치회를 넘어서는 문제가 다수 발생하면서 지역주민조직의 변화 필요성에 대한 논의가 생겨났다. 이에 따라 1969년 국민생활심의회는 "커뮤니티 : 생활공간에서의 인간성 회복"이라는 보고서를 통하여 전통적인 자치회 대신 새로운 형태의 주민조직안을 제시하기도 하였다. 1971년에는 자치성이 "커뮤니티에 관한 대책요강"에 근거하여 전국에 83개의 모델형 커뮤니티지구를 지정하였다. 1970년대 이후 자치회에 대한 반발로서 마을만들기, 커뮤니티 비지니스 운동이 확산되어 자치회의 활동 및 위상이 한때 약화되기도 하였다. 그러나 1990년 「지방자치법」의 개정으로 자치단체장의 인가를 받아 법인격을 지닌 단체로 등록할 수 있도록 법적 지위가 강화되고, 회관 건립비용을 위한 장기저리 융자, 운영보조금 지급, 인력파견 등 각종 지원정책들이 제도적으로 마련되어 자치회 육성을 위한 새로운 전기의 발판이 마련되었다.

3. 자치회의 의의

가. 지방자치와 자치회

1) 자치회, 왜 지방자치에서 논란이 되는가?

자치회와 지방자치의 문제는 보통 자치회의 조직구성과 운영에 대한 논란에서 야기된다. 즉, 앞서 자치회의 특징과 연혁에서 본 바와 같이 자치회는 경우에 따라 개인을 억압하고 전체주의적 특성을 나타낸다는 점에서 자치와는 상반되는 특성을 가지는 것으로 보여질 수도 있기 때문이다. 특히 자치회의 특성 중 자치의 문제와 관련하여 논란이 되는 것이 '전세대 가입'의 문제이다. 자치는 말 그대로 '스스로의' 결정에서 출발함을 기본으로 하는데, 전세대 가입의 특성은 필연적으로 개인의 의사보다 전체의 조화를 우선하게 된다는 점에서, 자치의 본질과는 맥락을 달리하는 비민주적 시스템이라는 것이다. 그 결과 개인의 개성은 억압되고, 오늘날과 같이 개성의 다양화를 특성으로 하는 사회에서는 허용되기 어려운 조직형태라는 주장이다.

나카타 미노루(中田実)는 자치회의 지방자치적 성격을 부정하는 이러한 주장에 대하여 전세대 가입의 특징과 자치회가 개성을 억압한다는 주장에 대하여 다음과 같이 반박하였다.[7)]

2) 자치회는 생활자치의 실현체이다.

나카타는 전세대 가입원칙과 관련하여 자치회가 지연에 기반하여 조직되는 특징을 간과해서는 안된다는 점을 지적하였다. 즉, 어떤 조직도 그 나름의 조직운영 원리를 가지고 있지만, 자치회는 일정한 지역구획을 기반으로 하여 조직되기 때문에, 거기에 관여하는 전체 인간에 대하여 열려있다고 하는 점이야말로 가장 필요하고도 민주적인 조건이라는 것이다. 구체적으로 과거 다이쇼(大正)데모크라시[8)] 이전과 같이 지

7) 中田実(2007), 地域分権時代の町内会·自治会, 自治体研究社 pp.35-38 참조
8) 다이쇼데모크라시란 일본에서 다이쇼연간, 즉 1910년대부터 1920년대에 걸쳐서 일어난 정치·사회·문화 등 각 분야에서의 민주주의, 자유민권주의적 운동·사조를 총칭하는 용어이다.

역 모임의 가입이 일부계층에 한정되었던 시기와는 달리, 제2차대전 후 전 국민의 '강제적 획일화' 과정을 거쳐, 현대는 자치회의 가입조건은 동일지역에 속한다(거주 내지 영업을 하고 있다는)는 것 외에는 직업적, 계층적, 민족적, 성별에 차이를 두지 않는다. 그렇기 때문에 전세대 가입의 원칙은 오히려 지방분권과 지방자치가 강조되는 현대에 있어 생활자치를 위한 중요한 조건 중 하나가 될 수 있음을 주장하였다.

3) 자치회는 필연적으로 개성을 억압하는가?

자치회도 국가나 지방자치단체가 법률에 의하여 운영되는 것과 같이 이에 준하여 운영되는 것이 기본이지만, 지역에는 역사적 고유성이나 자원과 같은 지역적 특성이 달라 자치회 운영 역시 전국적으로 일률적인 것이 반드시 적절치는 않다는 것이다. 자치회의 운영은 지방자치의 영역이며, 이 레벨에서 자치를 어떻게 해 나갈지는 지역과 주민에게 부과된 과제이며, 바로 이러한 점이 자치회의 묘미라는 것이다.

자치회의 조직이 얼마나 자치의 정신에서 민주적으로 운영되는가는 지역조직으로서 자치회가 대표권을 가지는 논거가 된다. 그러나 자치회 조직에서 권한 위임되어 특정사안이 결정되더라도, 그 결정이 구성원의 의향을 적절히 반영하지 못한 경우 비판이 제기되고, 경우에 따라서는 임원불신임에 이를 수도 있다. 또한 혐오시설이나 공해시설 등의 건설이 행정이나 기업으로부터 요청에 의하여 자치회의 양해가 있었더라도, 일부 주민에 의하여 철회요구가 있는 경우도 있다.

때문에 지방자치를 기본으로 하는 자치회 운영에 있어서도 소수의 의견과 배치되는 경우에는 주민투표와 같은 직접민주주의에 의한 주민참여방법의 모색 등 지역사회 내 주민참여에 대한 보완적 장치의 마련이 필요하다는 점을 지적한다. 이러한 보완적인 장치를 통하여 현대의 자치회는 생활자치라는 지방자치의 최소단위 영역에서 자치를 실천하는 유효한 시스템으로 작용하고 있다고 할 수 있다.

나. 지역커뮤니티와 자치회

1) 지역커뮤니티관리는 왜 필요한가?

지역커뮤니티의 발전은 공공이든 민간이든 어느 한 조직의 노력에 의하여 이루어질 수 있는 것이 아니다. 지역커뮤니티를 기반으로 하는 다양한 조직의 네트워크와 협력적 노력의 결과, 다시 말해 지역공동관리의 산물이다. 최근 많이 논의되는 로컬거버넌스(local governance) 역시 같은 맥락에서 이해할 수 있다. 지역주민은 그들이 살고 있는 지역의 이해를 반영하여 행정과 대립하기도 하고, 필요한 것을 요구하기도 하는 바, 이 과정에서 각각의 특성을 가지는 다양한 조직체가 협력적 활동이 이루어지는 경우가 많기 때문이다.

또한 공공영역과 시장(민간)영역이라고 하는 전문적인 서비스 제공 시스템이 가지는 한계(정책대상에서 제외된 사각지대의 존재, 비수익적 활동의 필요성 등)를 보완해 주는 존재로서도 다양한 지역커뮤니티기반 조직(단체)에 의한 공동관리적 노력이 요구된다.

2) 자치회, 지역공동관리의 주체 역할이 요구된다.

지역공동관리에 있어 자치회가 가지는 가장 큰 특징은 지역 내 다양한 문제에 관여하는 조직이 대부분 전문화된 특정분야 내지는 특정대상을 활동범위로 하고 있는 것과 달리 지역문제에 대하여 종합적으로 대응하고 있다는 점이다.

이러한 주장이 자치회가 여타의 조직보다 우위에 있다거나, 또 여타의 조직들이 가치가 낮다고 하는 의미는 아니다. 앞서 언급하였듯이 지역커뮤니티 내 다양한 조직, 특히 NPO 등은 지역공동관리의 일원으로서 지역문제 해결의 전문적 처리주체로 활동하고 있기 때문이다. 그럼에도 자치회의 종합적 역할이 지역공동관리에서 중요한 의미를 가지는 것은, NPO를 비롯한 여타의 지역단체가 가지는 부분성의 특성으로 인하여 이들 단체가 지역문제를 종합적으로 다루는 것이 불가능하다는 점에서이다. 이러한 측면에서 지역커뮤니티의 발전을 이끄는 지역공동관리시스템에서 자치회의 주체적 역할이 요구되는 것은 당연한 일이라고 할 수 있다.

자치회와 지역사회의 관계

자치회가 지역커뮤니티 내에서 개개인의 삶에 종합적 관여특성을 가지고 있는 만큼, 지역사회의 제반주체와 불가분의 관계를 맺고 있다. 자치회와 행정, 자치회와 지역단체, 자치회와 정치, 자치회와 종교 등등 논의영역은 지역커뮤니티 삶의 모든 영역에 미치고 있다. 여기서는 이러한 논의영역 중에서 가장 크게 영향을 주고받는 것으로 지적되는 행정(특히 시정촌)과의 관계, 그리고 지역사회단체와의 관계를 중심으로 자치회와 지역사회와의 관계를 살펴보기로 한다.

1. 자치회와 지방자치단체

가. 일본의 지방자치단체, 시정촌

일본의 지방자치단체, 특히 기초지방자치단체는 시정촌(市·町·村)이다. 일본의 시정촌은 지금까지 몇 차례에 걸친 대합병을 통하여 오늘에 이르고 있는데, 1800년대 말 이른바 '메이지(明治) 대합병'을 통하여

7만 개 이상의 시정촌이 1만 5천여 개로, 1953년~1961년간의 '쇼와 (昭和) 대합병'을 통하여 9,800여 개의 시정촌이 3,400여 개로, 그리고 2000년대 전반기의 '헤이세이 (平成) 대합병'을 통하여 3,200여 개의 시정촌이 2010년을 기준으로 1,719개로 축소되었다. 그러나 여전히 백만 명 이상의 거대 자치단체가 존재하는가 하면, 인구 1만 명 이하의 자치단체도 26.5%(457단체)나 존재하여, 지방자치단체 간 규모의 차이가 매우 큰 편이다. 자치회는 이러한 지방자치단체의 영역 내에서 보다 세분화된 각자의 영역을 가지고 자신의 일을 처리하고 있다.

나. 자치회와 시정촌 간 관계의 성격

자치회는 시정촌, 즉 지방자치단체와 상호의존 내지는 상호협력적 관계를 가지고 있다고 이야기된다. 이러한 점에서 우에다 타다이치(上田惟一)는 양자의 관계를 시정촌 측의 입장과 자치회 측의 입장, 두 가지 측면에서 제시한다.[9)]

먼저 자치단체 측의 입장에서 보면 크게 두 가지 이유에서 자치회와 협력적 관계를 갖는다. 첫째, 자치단체는 재정적·인력적인 이유에서 자치회에 의존하게 된다는 것이다. 자치단체의 업무 중 특히 주민에 대한 연락, 통지 등의 경우 자치회조직을 이용하면, 비용절감이 가능함은 물론 주민의 이해를 얻기 용이하다는 측면에서 광범위하게 활용되고 있다. 둘째, 지역수요에 대한 파악이 용이하다는 이유이다. 현대 행정서비스는 주민의 수요에 기반하여 계획되고, 운영되는 만큼 주민수요의 파악

9) 岩崎信彦·上田惟一·広原盛明·鯵坂学·高木正朗·吉原直樹(2013), 町内会の研究, 御茶の水書房 pp.439-441 참조

이 중요한데, 자치회의 활용은 이러한 주민수요의 직접적인 파악에 도움을 준다는 것이다.

다음, 자치회의 입장에서 보면 크게 세 가지 이유에서 자치단체에 협력적인데, 첫째 이유는 역사적·전통적으로 그렇게 해 왔기 때문이라는 것이다. 자치회의 연혁에서도 본 바 있듯이, 과거 자치회가 행정협력기관으로서 육성되었고, 현재도 상당 부분 그 성격을 계승하고 있다는 것이다. 때문에 자치회의 임원들 중에는 자신들이 행정으로부터 독립적으로 존재한다는 의식이 약하고, 행정이 의뢰하고 자신들이 그것을 수행하는 것이 당연하다고 생각하는 사람들이 많다는 것이다. 둘째, 주고받음(give & take)의 관계이다. 자치회는 행정협력의 대가로 행정투자를 이끌어 낼 수 있다는 것이다. 즉 행정에 대한 협력과 행정의 지역투자는 교환관계에 있으며, 이러한 점에서 자치회의 임원은 행정의 자원배분에 영향력을 행사할 수 있다는 점이 지적된다. 셋째, 권위의 확보를 꾀한다는 것이다. 일부의 자치회 임원들에게 있어 행정협력은 일종의 '훈장'과 같은 성격으로서, 사회적 지위의 상승으로 생각하는 측면이 있다는 것이다. 자치회와 시정촌은 이와 같은 서로의 필요성에 기인하여 다양한 협력적 관계를 형성하고 있다.

다. 자치회와 시정촌 간 협력의 실제

자치회와 시정촌 간 협력방식은 크게 시정촌의 업무에 자치회의 인사를 참여시키는 방법과 특성사무를 위탁하여 수행하는 방법이 있다. 전자의 경우 행정구장(行政区長)형과 행정협력위원형으로 나눌 수 있는데, (1) 행정구장형은 자치회장을 행정구(우리나라의 통리반과 유사)의 장으로 위촉하여, 자치회로부터 협력을 얻는 방식이며, (2) 행정협력위

원형은 주민개인(자치회장 포함)을 행정협력위원으로 위촉하여 협력관계를 구축하는 방식이다.[10)]

한편 위탁방식은 포괄위탁·교부형과 개별위탁·연대형으로 나눌 수 있는데, (3) 포괄위탁·교부형은 연합자치회장에게 포괄적으로 위탁하고, 연합자치회-지구연합자치회-단위자치회로 업무재배분이 이루어지는 방식이다. 그리고 (4) 개별위탁·연대형은 특정 단위자치회에 직접 업무를 위탁하는 방식이다. 여기서 (1), (2), (3)의 경우 단체장과 협력대상자 간 협력관계가 형성되는 반면, (4)의 경우에는 집행기관(담당부서)과 단위자치회 간 협력관계가 형성된다는 점에서 차이를 갖는다.

그럼 자치회와 시정촌 간 가장 일반적 협력관계인 위탁에서는 주로 어떤 업무들이 대상이 되는지 살펴보자. 위탁관계는 '하청관계', '행정의 말단기관'이라는 비판과 함께, '주민생활사무의 직접 수행'이라는 의미부여까지 다양한 평가가 현재진행형이다.

츠지나카 유타카(辻中豊) 등의 조사결과에 의하면 조사에 참여한 1,179개 자치단체 중 아래 표의 위탁사무 중 최소한 한 가지 이상을 자치회에 위탁하고 있다고 응답한 비율은 96.9%로 거의 대부분의 자치단체가 위탁업무를 수행하고 있음을 알 수 있다. 위탁하고 있는 사무는 아래 표에서 보는 바와 같이 다양한데, 가장 많은 것이 회람업무와 홍보지의 배포이다. 이러한 점은 특히 인구규모가 적은 비도시지역에서 상대적으로 높게 나타나는 특징을 보여주는 바, 도시지역에 비하여 홍보수단이 다양하지 못한 점에도 원인이 있겠지만, 상대적으로 대면적 접촉빈도가 높은 비도시지역의 특성을 보여주는 부분이기도 하다. 이와 달리 도시생활에 상대적으로 더 많이 영향을 미친다고 생각되는 방재·방범, 리사이

10) 市区町村と町内会·自治会等との代表的な協働関係のイメージ 참조

클 등에서는 인구규모가 클수록 위탁수행비율이 높게 나타나 대조를 보여주고 있다.

〈표 4〉 인구규모별 자치단체로부터 자치회로의 위탁업무의 내용

구분	1만 명 미만	1만~3만 명	3만~5만 명	5만~20만 명	20만 명 이상	전체
회람	82.8	85.8	86.3	74.9	70.6	81.3
홍보지의 배포	89.7	86.4	85.7	68.6	49.4	79.9
청소·미화	57.2	62.8	57.1	60.2	62.4	59.9
모금	55.5	58.2	61.5	56.9	45.9	56.8
가로등·방범등의 설치	49.7	50.2	58.8	59.9	56.5	54.3
방재·방범	38.3	44.0	45.6	54.2	56.5	46.3
공공시설의 관리	49.0	39.6	40.1	36.8	37.6	41.1
리사이클	23.1	27.9	30.8	38.5	54.1	31.7
도로정비·보수	21.4	18.0	20.9	11.0	5.9	16.6
N	290	323	182	299	85	1,179

출처 : 辻中豊, ロバート·ペッカネン, 山本英弘(2009), 現代市民社会叢書1 : 現代日本の自治会·町内会—第1回全国調査にみる自治力·ネットワーク·ガバナンス, 木鐸社. p.148.

이상에서 제시된 위탁업무에 대하여 자치회는 어떤 생각을 하고 있을까? 여기에 대하여 위탁업무가 원활히 수행되는지, 위탁업무가 중요하다고 생각하는지, 그리고 위탁업무 수행에 대하여 만족하고 있는지를 물어본 결과가 아래 표이다.

우선 위탁업무가 원활하게 수행되고 있는가라는 질문에 대하여 그렇다고 응답한 비율이 51.4%로 과반수를 약간 초과하고 있는 수준이다. 이러한 결과는 과반수에 가까운 자치회가 행정과의 관계에서 불편함을 느끼고 있다는 말이 되기도 한다. 이 책의 향후과제 부분에서 제시하고 있는 카와사키시(川崎市) 자치회의 행정에 대한 부담 정도도 같은 맥락에서 이해할 수 있을 것이다.

그러나 더 큰 문제는 중요도와 만족도에 대한 응답결과이다. 위탁사무의 수행이 중요하다고 보는 자치회가 30%를 밑돌고, 위탁사무 수행에 대한 만족도는 15%에 불과한 실정인 바, 자치회와 시정촌 간 관계정립방법의 다변화가 필요함을 보여준다고 할 수 있다.

〈표 5〉 자치회종류별 위탁사무수행의 원활함과 평가

구분	촌락형	비도시·신형	도시·구형	도시·신형	전체
원활(%)	53.3	49.4	50.1	49	51.1
중요(%)	28.5	27.3	28.4	26.9	28.0
만족(%)	15.8	15.6	14.2	15.7	15.4

출처 : 辻中豊, ロバート·ペッカネン, 山本英弘(2009), 現代市民社会叢書1 : 現代日本の自治会·町内会—第1回全国調査にみる自治力·ネットワーク·ガバナンス, 木鐸社, p.154.

2. 자치회와 지역사회단체

가. 지역사회단체

인간이 사회적 동물이라 표현되는 것은, 달리 말해 인간이 조직인이라는 말과도 의미를 같이한다. 인간은 그가 속한 사회의 다양한 수준, 즉 최소단위인 가족이라는 조직에서 시작하여 국가를 포함한 공적조직은 물론, 다양한 사적조직의 일원으로서 살아가고 있기 때문이다.

인간과 조직과의 관계는 일반적으로 공동의 원리로 결합된 공동체형의 집단(커뮤니티)으로부터 개인의 개별적 의사나 목적에 의하여 자유롭게 결성되는 자발적이고 기능적인 집단(association)으로 변화해 간다. 우리가 살고있는 현재의 지역사회는 공동체형 집단과 자발적 기능집단이 혼재된 특성을 가지는 바, 이들 각각의 조직은 나름의 역할분담체계 속에서 각각의 조직목표를, 때로는 공동의 목표달성을 위하여 활동하고 있다.

나. 자치회와 지역사회단체 간 관계의 성격

지역사회단체와의 관계에 있어 자치회는 어떤 역할을 하고 있는가? 이에 대한 나카타 미노루(中田実)의 답은 다양한 지역사회의 활동 전체를 종합하는 코디네이터이다. 특히 지역사회단체의 중심역할을 하는 NPO와의 역할관계를 통해 코디네이터로서의 자치회의 특성을 명확히 제시하고 있다.[11)]

나카타에 의하면 NPO는 '불특정 및 다수의 이익을 증진하기 위하여 조직'되는 것으로 개념 지어지는데, 이에 따를 경우 NPO는 상대적으로 '광역의 공간'에서 보다 전문적인 특정분야의 문제를 다루는 반면, 자치회는 보다 '협역의 공간'에서, 하나의 문제를 종합적 관점에서 해결하고자 한다는 점에서 차이를 갖는다. 그렇기 때문에 지역사회에서 포괄적 활동을 수행하는 자치회와 목적에 근거한 지역단체가 상호 간의 장단점을 살려 연대를 함으로써 지역사회의 복잡다기한 문제에 대처해 나가는 것이 가능하게 되는 것이다.

한편 토리고에 히로유키(鳥越皓之)는 지역사회내의 자치회와 여타 단체들 간의 관계를 '부모·자식의 원리'로 설명하였다. 지역사회에 문제가 생길 때, 자치회로부터 파생되는 형태로 문제해결형 단체가 결성되는 경우가 많은 바, 자치회가 지역사회에서 중심적인 위치를 점하면서 여타의 지역단체와 연대해 가면서 활동한다는 것이다.[12)]

---

11) 中田実(2007), 地域分権時代の町内会·自治会, 自治体研究社 pp.92-96 참조
12) 鳥越皓之(1994), 地域自治会の研究ー部落会·町内会·自治会の展開過程, ミネルヴァ書房 참조

다. 자치회와 지역사회단체 간 협력의 실제

자치회와 지역사회단체 간 협력관계에 대해서도 앞서 소개한 츠지나카 유타카(辻中豊) 등의 조사결과를 통하여 전국적인 특성을 추론해 볼 수 있다. 자치회는 아래 표에서 보는 바와 같이 지역커뮤니티 내에 존재하는 다양한 단체들과 연계하여 활동하고 있다. 영역별로 살펴보면 성별·연령에 의한 단체(어린이회, 노인회, 부인회), 안전단체(소방단, 방범단체), 복지단체(사회복지협의회), 교육문화단체(PTA, 체육협회), 교육문화단체(PTA, 체육협회) 등과의 연계협력관계가 상대적으로 높게 나타나고 있다.

특히 어린이회, 노인회, 사회복지협의회와는 자치회의 78% 정도가 연대관계를 형성하고 있으며, 방범협회의 경우 도시지역에서 70% 내외의 연대관계를 보이며(비도시지역의 경우 50% 내외), PTA도 도시지역(73~76%)에서 상대적으로 높은 연대율을 나타내고 있다. 또한 특이사항으로는 종교단체(신사관련단체, 사찰관련단체)와의 연대인데, 새로 조성된 지역(비도시·신형지역, 도시·신형지역 25% 내외)보다는 전통적 지역(촌락형지역, 도시·구형지역)에서 2배 정도 높은 연대율(50~52%)을 보여주어 대조를 나타내고 있다. 이러한 특징은 부인회와의 연대에서도 유사하게 보여지고 있다.

한편 주민들의 일상생활과 관련된 단체와의 연대율과 달리 대상별 복지요구단체(육아서클, 장애인단체), 정책관련 요구단체(주민운동단체, 환경단체), 경제단체(노동조합, 생협, 기업·공장) 등과의 연대는 0.3~13%로 낮게 나타나고 있다. 이러한 특징은 자치회의 연대가 쟁점보다는 일상적인, 그리고 행정과의 대립 정도가 약한 단체에 우선하고 있음을 보여주는 바, 지역커뮤니티 내에서 코디네이터로서 자치회가 안고 있는 한계점이기도 하다.

〈표 6〉 지역의 타 단체와의 연대율

(단위 : %)

구분	촌락형	비도시·신형	도시·구형	도시·신형	전체
어린이회	74.1	74.6	83.5	82.0	78.0
청년단	23.3	12.4	23.1	13.2	19.8
노인클럽	78.6	61.1	85.9	79.3	78.1
부인회	53.7	37.4	55.5	44.1	50.0
종교단체(氏子会, 檀家組織)	52.8	25.4	50.9	26.1	43.3
소방단	72.5	53.5	73.6	60.5	67.8
방범협회	47.8	52.8	71.1	69.7	58.4
경찰서	38.3	45.1	61.5	63.3	49.7
소방서	36.0	41.2	59.4	59.2	46.9
사회복지협의회	72.6	74.8	83.7	84.9	78.0
간호·복지단체	17.8	19.2	24.9	25.4	21.2
PTA	65.5	60.8	76.8	73.4	69.1
체육협회	53.3	50.4	62.8	55.5	55.6
스포츠서클	17.9	18.9	24.6	23.2	20.7
취미서클	14.1	14.0	19.6	18.4	16.3
육아서클	3.5	4.3	8.9	9.2	6.0
장애인단체	7.6	7.6	12.5	11.4	9.6
주민운동단체	5.5	5.5	5.2	4.1	5.2
정치단체	7.1	5.6	9.5	7.3	7.5
상점회	12.8	9.8	20.7	17.0	15.1
기업·공장	8.0	5.7	13.7	9.1	9.3
농어협	38.0	15.1	20.7	7.5	24.7
노동조합	0.3	0.1	0.3	0.3	0.3
생협	1.9	1.6	1.6	2.0	1.8
마을만들기단체	18.2	17.7	26.6	22.4	21.0
환경단체	11.1	13.8	15.5	14.6	13.2
자치회연합회	59.2	68.8	82.7	85.4	71.3
기타 자치회	44.9	50.4	57.7	60.5	51.8
기타 단체	5.8	6.7	8.0	8.9	7.1
N	6,425	2,006	3,552	3,020	15,003

출처 : 辻中豊, ロバート·ペッカネン, 山本英弘(2009), 現代市民社会叢書1 : 現代日本の自治会·町内会—第1回全国調査にみる自治力·ネットワーク·ガバナンス, 木鐸社, p.104.

다음 NPO와의 연대문제에 대하여 살펴보자. 지역커뮤니티 내에서 어떤 형태로든 NPO와 연대를 가지고 있는 자치회는 약 30% 정도로 나타났는데, 이중 7.6%가 연대는 하고 있지만 상호독립을 지향하고 있어 실질적인 연대율은 20%를 약간 넘는 수준이다. 한편 어떤 연대도 없다고 응답한 70%의 자치회 가운데 22% 정도가 향후 연대의향이 있음을 표시하여, 장래적으로는 일정수준의 연대가 확대되어 갈 것으로 예측해 볼 수 있다.

〈표 7〉 자치회종류별 NPO와의 연대와 지향성

(단위 : %)

구분	연대있음·연대지향	연대있음·독립지향	연대없음·연대지향	연대없음·독립지향	N
촌락형	23.0	7.7	22.2	47.2	5,016
비도시·신형	22.8	7.4	23.5	46.3	1,607
도시·구형	21.9	7.4	21.9	48.8	2,927
도시·신형	20.5	7.6	22.6	49.3	2,546
전체	22.7	7.6	22.2	47.4	12,096

출처 : 辻中豊, ロバート·ペッカネン, 山本英弘(2009), 現代市民社会叢書1 : 現代日本の自治会·町内会—第1回全国調査にみる自治力·ネットワーク·ガバナンス, 木鐸社, p.120.

참고로 NPO와 연대하고 있는 자치회를 대상으로 연대활동의 과정에서 나타나는 문제점에 대하여 조사한 결과, 아래 그림에서 보는 바와 회원의 이해부족을 가장 큰 문제로 지적하였다. 한편 여타 문제의 경우 연대 지향적 자치회는 양 조직이 비용부담이나 역할부담과 같은 실무적 측면에서 문제가 있음을 상대적으로 높게 지적한 반면, 향후 독립지향의 자치회서는 양 조직 간 생각의 차이를 상대적으로 높게 지적하여 분명한 대조를 보여주고 있다.

〈그림 2〉 NPO와의 연대지향성과 연대 상의 문제점

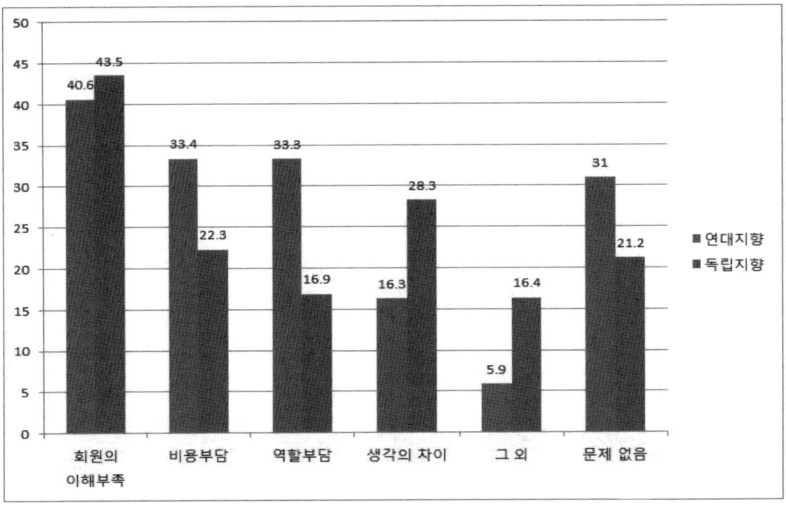

출처 : 辻中豊, ロバート·ペッカネン, 山本英弘(2009), 現代市民社会叢書1 : 現代日本の自治会·町内会—第1回全国調査にみる自治力·ネットワーク·ガバナンス, 木鐸社, p.121.

자치회의 구성과 운영

1. 자치회와 법인격

자치회는 임의단체적 성격을 갖고 있다. 그러나 1992년 지방자치법 개정에 의해 시정촌장의 인가를 받게 될 경우, 법인격을 갖는 인가지연단체(認可地緣團體)로의 자치회가 될 수 있도록 규정되었다.

시정촌의 장의 인가에 의해 법인격을 득한 인가지연단체(자치회 등)는 부동산 등을 단체 명의로 등기할 수가 있다. 과거 자치회가 법인격을 갖지 못하였기 때문에 보유하고 있는 자치회관 및 회관 용지를 단체 명의로 등기할 수 없어서 회장과 임원들의 개인 명의로 등기하는 경우가 많았다. 이 경우 개인 자산과 혼동되어 처분되기도 하고, 등기명의인의 채권자가 재산을 압류하기도 했고, 공유명의의 경우 상속등기가 곤란한 문제가 발생하기도 하였다. 이러한 문제를 해결하기 위해 자치회에 법인격을 부여하고 단체 명의의 등기가 가능하게 된 것이다.

지방자치법 제260조의 2에 근거하여, 일정한 구역에 거주하는 자를 지연으로 형성된 단체(지연단체)는 지역적인 공동 활동을 위한 부동산 혹은 부동산에 관한 권리 등을 보유하기 위하여 시정촌장의 인가를 받아서 규약에 정하는 목적 범위 내에서 권리를 가지고 의무를 부담하도록 되어 있다. 예를 들어 카와사키시에 있어서 자치회가 인가지연단체를 신청할 경우 그 절차는, 신청 전에 시 시민국 혹은 아동국 시민협동추진과에 상담하여 절차에 대한 설명을 듣고, 총회에서 규약변경 등에 대한 합의를 이루어 서류를 제출한다. 인가신청서, 규약 및 회칙, 총의 의사록, 구성원 명당, 보유자산 목록, 전년도 사업보고 및 결산서, 당해 연도 사업계획서 및 예산서, 구역도를 제출하면 심사를 거쳐 인가되고 동시에 고시된다.

〈표 8〉 인가지연단체로서의 자치회

	내용
지연단체 인가	o 지연단체 대표는 다음의 요건을 갖추어 총무성령에 따라 신청함 -그 구역의 주민 상호 간 연락, 환경정비, 집회시설 유지관리 등 양호한 지역사회 유지 및 형성에 도움이 되는 지역적 공동 활동을 행하는 것을 목적으로 하고, 현재 그 활동을 행하고 있다고 인정할 수 있을 것 -그 구역(해당 지연단체가 상당한 기간에 걸쳐 존속하고 있는 구역)이 주민에 의해 객관적으로 명확하게 규명되어 있을 것 -그 구역에 주소를 가진 개인은 구성원으로 될 수 있고, 그 상당수의 자가 현재 구성으로 되어 있을 것 -규약을 정하고 있을 것 o 시정촌장은 지연단체가 각 호의 요건을 충족하면 인가를 하지 않을 수 없음 o 시정촌장은 인가지연단체가 요건을 결하였거나 부정한 수단에 의해 인가를 받았을 경우 그 인가를 취소할 수 있음
규약 사항	o 목적, 명칭, 구역, 사무소(주된 사무소)의 소재지, 구성원의 자격에 관한 사항, 대표자에 관한 사항, 회의에 관한 사항, 자산에 관한 사항
인가 지연 단체 성격	o 인가지연단체는 공공단체 및 그 외 행정조직의 일부로 해석해서는 안 됨 o 인가지연단체는 정당한 이유가 없는 한 주소를 가진 개인의 가입을 거부할 수 없음 o 인가지연단체는 민주적 운영 하에 구성원에 대해 부당한 차별적 취급을 해서는 안 됨 o 인가지연단체는 특정의 정당을 위해 이용해서는 안 됨
인가 지연 단체	o 시정촌장은 지연단체의 인가를 행할 경우 총무성령에 정한 바에 따라 이를 고시해야 함 o 시정촌장은 고시된 사항의 변경이 있을 때에도 동일한 방법으로 고시를 해야 함

고시	o 인가지연단체는 고시된 사항을 변경할 때에는 총무성령에 정한 바에 따라 시정촌 장에 제출하여야 함 o 개인도 시정촌장에게 고시된 사항에 관한 증명서 교부를 청구할 수 있음 o 인가지연단체는 고시가 됨으로서 그 지위를 인정받게 되고, 고시된 사항에 대해서 제3자에 대항할 수 있음

출처 : 일본 지방자치법 참고 작성

한편 인가지연단체로서의 자치회 운영과 관련한 사항에 대해 살펴보면 아래 표와 같다.

〈표 9〉 인가지연단체로서의 자치회의 운영사항 및 주요 내용

	주요 내용
재산목록 및 구성원 명부	o 인가지연단체는 인가를 받은 때 그리고 매년 1월부터 3월까지 재산목록을 작성하여 항상 그 주된 사무소에 비치하지 않으면 안 됨 -단지 사업연도를 설정한 것은, 인가를 받을 때 및 매 사업연도를 종료할 때에 재산목록을 작성하도록 하기 위한 것임 o 인가지연단체는 구성원 명부를 비치하고, 구성원의 변경이 있을 때 필요한 변경을 행하지 않으면 안 됨
대표자	o 인가지연단체는 1인의 대표자를 두어야 함 o 대표자는 인가지연단체의 모든 사무에 대해서 이를 대표함. 단지 규약의 규정에 반하는 것을 할 수 없고 또한 총회의 결의에 부응해야만 함 o 대표자의 대표권에 부가하는 제한은 선의의 제3자에게 대항하는 것이 아니어야 함 o 대표자는 규약 혹은 총회의 결의에 따라서 금지되어 있지 않은 한 특정행위의 대리를 타인에게 위임할 수 있음 o 대표자가 결함이 있어 사무가 지연하는 것에 따라 손해를 발생시킬 경우, 재판소는 이해관계인 혹은 검찰관의 청구에 의해 가(仮)대표자를 선임하지 않으면 안 됨 o 대표자와의 이익이 상반되는 사항에 대해서, 대표자는 대표권을 가지지 못함. 이 경우 재판소는 이해관계인 혹은 검찰관의 청구에 의해 특별대리인을 선임하지 않으면 안 됨
감사	o 인가지연단체는 규약 혹은 총회의 결의로 1인 혹은 수인의 감사를 둘 수 있음 o 감사는 다음의 직무를 수행함 -재산 상황의 감사 및 대표자 업무집행 상황의 감사 -재산상황 혹은 업무집행이 법령 혹은 규약에 위반되고, 현저하게 부당한 사항이 있다고 인정될 경우 총회에 보고 -총회 보고에 필요하다고 판단될 경우 총회의 소집
총회	o 인가지연단체의 대표자는 적어도 매년 1회, 구성원의 통상총회를 개최하지 않

	으면 안 됨 o 인가지연단체의 대표자는 필요하다고 인정될 때 언제나 임시총회를 소집할 수 있음 -임시총회는 전체 구성원의 1/5 이상이 회의 목적 사항을 제시하고 청구를 행할 경우 대표자는 임시총회를 소집하지 않으면 안 됨. 단지 이 비율은 규약에서 별도의 비율로 정할 수 있음 o 총회의 소집 통지는 총회일 5일 전에 그 회의 목적 사항을 제시하여 규약에 정해진 방법으로 행하지 않으면 안 됨 o 총회에서는 통지된 사항에 대해서만 결의를 할 수 있음. 단 규약에 별도의 규정이 있으면 그러하지 않음
사무 및 표결	o 인가지연단체의 모든 사무는 규약에서 대표자와 그 외 간부들에게 위임한 것을 제외하고는 총회의 결의에 따라야 함 o 인가지연단체의 각 구성원의 표결권은 평등함 -인가지연단체의 총회에 출석하지 않은 구성원은 서면 혹은 대리인에 의해 표결을 할 수 있음. 단 규약에 별도의 규정이 있으면 그러하지 않음 o 인가지연단체와 특정 구성원과 관계있는 의결의 경우 그 구성원은 표결권을 갖지 않음
해산 및 청산	o 인가지연단체는 규약에 정한 해산사유 발생, 파산절차 개시 결정, 인가취소, 총회 결의, 구성원이 없을 경우에는 해산함 o 인가지연단체는 전체 구성원의 3/4 이상의 찬성으로 해산을 결의할 수 있음. 단지 규약에 별도의 규정이 있으면 그러하지 않음 o 인가지연단체가 그 채무에 대해 그 재산을 완제할 수 없을 경우, 재판소는 대표자 혹은 채권자의 신청 혹은 직권으로 파산절차 개시를 결정함 -이 경우에 대표자는 직접 파산절차 개시를 신청하지 않으면 안 됨 o 해산된 인가지연단체는 청산의 목적 범위 내에서 그 청산의 완료에 이르기까지는 존속하는 것으로 봄 o 인가지연단체가 해산할 경우 파산절차개시 결정에 의한 해산을 제외하고는 대표자가 그 청산인이 됨 -단지 규약에 별도의 규정이 있거나 혹은 총회에서 대표자 이외의 자가 선임된 경우에는 그 한계가 없음 o 만일 청산인이 없을 경우 혹은 청산인이 결함으로 손해를 발생시켰를 경우 재판소는 이해관계인 혹은 검찰관의 청구에 의해 혹은 직권으로 청산인을 선임할 수 있음 o 중요한 사유가 있는 경우, 재판소는 이해관계인 혹은 검찰관의 청구에 의해 혹은 직권으로 인가지연단체의 청산인을 해임할 수 있음 o 청산인의 직무로는, 현재 업무의 종결, 채권의 징수 및 채무의 변제, 잔여재산의 인도를 행함 -청산인은 이러한 직무를 수행하는 필요한 일체의 행위를 할 수 있음 o 청산인은 취임 후 2개월 이내에 적어도 3회의 공고(관보)를 통해 채권자에 대해 일정한 기간(2개월 이상) 내에 그 채권의 신고를 하도록 최고하지 않으면 안 됨 -이 경우 채권자가 그 기간 내에 신고를 하지 않을 때 제척되는 취지를 부기하지 않으면 안 됨. 단지 청산인은 알고 있는 채권자를 제척할 수 없음 -기간이 경과한 후에 신고를 한 채권자는 인가지연단체의 채무가 완제된 후 또

는 권리 귀속이 된 자에게 인도되지 않은 재산에 대해서만 청구를 할 수 있음
- o 청산 중인 인가지연단체의 재산이 그 채무를 완제했을 때, 청산인은 직접 파산절차 개시를 신고하고 그 취지를 공지해야 함
- o 청산인은 청산 중인 인가지연단체가 파산절차 개시의 결정을 받은 경우, 파산관재인에게 그 사무를 인계할 때에는 그 임무를 종료한 것으로 함
  -이 경우, 청산 중인 인가지연단체가 이미 채권자에 지불 혹은 권리 귀속된 자에게 인도한 것이 있을 때에는 파산관재인은 그것을 환원할 수 있음
- o 해산한 인가지연단체의 재산은 규약으로 지정한 자에게 귀속함
  -규약으로 권리를 귀속받은 자를 지정하지 않거나, 혹은 그 자를 지정하는 방법을 정하지 않았을 때에는, 대표자는 시정촌장의 인가를 받아, 그 인가지연단체의 목적에 유사한 목적을 위해 재산을 처분할 수 있음. 단지 총회의 결의를 거치지 않으면 안 됨
  -이 경우 처분된 재산은 시정촌에 귀속함
- o 인가지연단체의 해산 및 청산은 재판소의 감독에 속함
  -재판소는 직권으로 언제라도 감독에 필요한 검사를 할 수 있음
- o 인가지연단체의 청산이 완료되었을 때, 청산인은 그 취지를 시정촌장에게 제출해야 함
- o 인가지연단체에 속하는 다음의 사건들은 그 주된 사무소 소재지를 관할하는 지방재판소의 관할에 속하는 것으로 봄
  -인가대표자 혹은 특별대리인의 선임에 관한 사건
  -해산 및 청산 감독에 관한 사건
  -청산인에 관한 사건
- o 인가지연단체의 청산인 선임의 재판에 대해서는 불복을 신청할 수 없음
- o 재판소가 청산인을 선임하는 경우, 인가지연단체가 해당청산인에 대해서 지불할 보수액을 정할 수 있음.
  -이 경우 재판소는 해당 청산인(감사를 둔 인가지연단체는 해당 청산인 및 감사)의 진술을 청취하지 않으면 안 됨
- o 인가지연단체의 청산인 해임에 대한 재판은 즉시 항고를 할 수 있음
- o 재판소는 인가지연단체의 해산 및 청산의 감독에 필요한 조사를 시키기 위해 검사역을 선임하는 것을 할 수 있음
- o 인가지연단체의 대표자 혹은 청산인은 다음과 같은 사항에 근거하여 비송사사건절차법에 의해 500,000만 엔 이하의 과태료에 처분됨

출처 : 일본 지방자치법 참고 작성

2. 자치회의 기본구조

가. 구성단위와 결성

임의 단체 혹은 인가지연단체로 각각의 규약에 기초하여 활동하는

자치회는 당해 구역 내 거주하는 모든 사람들이 가입할 수 있는 커뮤니티를 기본 단위로 구성된다. 이러한 단위 자치회는 여럿이 모여 "○○자치회 연합회", "○○지구자치회연합회", "○○연합자치회" 등으로 명명되는 일명 「지구 자치회 연합회」를 구성하고, 각 지구 자치회연합회에서 선출한 대표자들을 구성원으로 하는 일명 「중앙 자치회 연합회 혹은 ○○시 자치회 연합회」를 구성한다. 즉 1개 자치단체는 3계층(단위 - 지구 - 중앙)의 자치회 조직들로 구성된다.

단위 자치회를 결성하려면 ① 우선 회의를 개최하여 명칭, 결성연월일, 임원, 회원, 반, 구역, 규약의 준비, ② 자치회 결성서류의 자치단체 제출, ③ 자치단체 수리라는 절차를 밟게 되는데, 수리되면 자치단체에 등록된 자치회가 된다. 이렇게 등록된 자치회는 다양화 자치회 활동이 보장되어 지역문제에 대응하게 되고, 지역의 친목 및 융화를 도모할 수 있으며, 각종 활동에 대해 자치단체로부터 보조금을 받을 수 있고, 지역 공사 등에 대한 정보를 제공받게 된다.

나. 조직과 재원

자치회는 회장, 회계, 감사, 간사 등 10명 내외의 임원으로 구성되고 무보수 명예직으로 지역사회를 위하여 봉사한다. 회장은 직접선거로 선출되어 자치회를 대표하고 나머지 임원들은 임명에 의하되 지역주민을 위해 자원봉사 활동을 하게 된다. 특히 자치회는 사업부서등 조직체계를 갖추고 시정촌 등 지방자치단체와 특별지방행정기관으로부터 여러 가지 행정사무를 위탁받아서 수행하고 수수료를 받아서 활동재원으로 활용하고, 지방자치단체로 부터 시민조직보조금, 방범등 설치 및 유지관리 보조금, 집회시설 관리운영 보조금, 집회시설 설치·증개축·수선사업 보조금 등을 교부받기도 한다.

〈표 10〉 자치회 보조금 예시 1

구분	내용
시민조직보조금	-회원 1세대 당 연간 300엔
방범등 설치 및 유지관리 보조금	-방범등 유지관리보조금 : 1등 당 연 2,100엔 -방범등 설치보조금 : 설치비의 80%(단 상한액 있음)
집회시설 관리운영 보조금	-조성액 : 「당해 연도 4월분 전기요금×10분의 7」과 「전년도 1년간 전기요금×10분의 7」을 비교해서 적은 금액
집회시설 설치·증개축·수선사업 보조금	-집회시설 신축·증개축·수선·용지취득사업에 대한 2분의 1 -단지 신축·증개축·용지취득사업의 경우 1천만 엔, 수선사업의 경우 250만 엔 한도

출처: 김병국·김필두(2010), 주민자치 강화를 위한 읍·면·동 개편모델 연구, 정책연구 2010-7, 한국지방행정연구원

〈표 11〉 자치회보조금 예시 2

대상사업	활동내용	보조금
지역환경미화운동	도로와 주변 청소, 쓰레기분변수집 등	-자치회에 속한 세대수 1호당 1,500엔
지역복지활동	경로회 개최 등	-경로회대상자 1인당 1,500엔
아동청소년육성활동	학부모회, 어린이회 육성활동 등	-소·중학생 1인당 1,000엔
지역방재활동	자주방재, 소방, 방범활동 등	-세대수 1호당 500엔
교통안전활동	교통안전운동 추진 등	-세대수 1호당 500엔
지역문화활동	지역문화 활동 등	-세대수 1호당 500엔
지역주민교류활동	자치회 미가입자 대책 등	-세대수 1호당 2,000엔

출처: 김병국·김필두(2010), 주민자치 강화를 위한 읍·면·동 개편모델 연구, 정책연구 2010-7, 한국지방행정연구원

다. 규약

1) 자치회의 규약 실태와 표준적 규약모델의 예

자치회는 규약을 필수로 하는데, 자치회의 특성에 따라 다소 달리

정하고 있다. 최근 자치회 규약의 통일을 기하기 위해 표준적 모델의 규약을 제시하고 있다. 현재 자치회 규약 사례와 새롭게 제시되는 모델규약을 비교해서 보면 아래 표와 같다.

〈표 12〉 자치회의 규약과 새로운 자치회 표준모델의 규약

	현재 A자치회 규약	새로운 자치회 모델규약
명칭	00 자치회	00 자치회 ★29만 6천여 개 : 자치회(38.5%), 정내회(22.1%), 구자치회(11.6%), 정회, 부락회, 구회 등
목적	-살기 좋은 마을 만들기 추진 -주민생활문화 향상 -회원 친목	-회원상호 및 자치회 내 제 단체와의 협력/협조 -회원의 교양 제고 -복리증진, 지역생활환경 정비, 방재 노력 등 활동 -행정협력 및 협의
사무국	A정의 공회당에 설치하고 직원 배치	시의 00에 설치 ★사무소의 기능 : 문서발송과 접수창구 및 회무처리장소 기능, 회의 및 집회장소기능, 연락기능
사업	-친목과 교류 등 행사 -생활개선사항의 행정 요망 및 실현 -방범/방재/교통안전/지역청소/쓰레기회수 추진 -방범등 배치/유지/관리 -공회당/자치회관 유지관리 -각종 단체 육성과 제 단체와의 제휴/협력 -고충처리 등	-회원 상호의 친목 -전문부서활동 -자치회 내외의 각종 단체와 연락 조정 -행정정보 활동 및 행정과의 연락조정(주민과 행정간의 공동사업에 의한 마을 만들기 추진 등) -소유 자산 혹은 수탁시설의 관리운영 -지역 장래계획 작성 -기타 회 목적달성 사업
회원	주민등록을 한 거주민으로 회비를 납부한 자	지역주민(가입단위는 세대) 및 사업소 ★거주자 전 주민(최근 원룸 거주자 및 외국인 거주자 포함 추세)
임원	회장1인, 부회장1인, 회계1인, 부장4인	회장1인, 부회장○명, 서기○명, 회계1명, 회계감사○명, 조장과 블록장 ○명, 전문부서장○명
고문/위원	-선택적 사항 -고문 : 임원회에서 추천 자치회장이 위촉(학식경험자)	

	-전문위원 : 임원회에서 추천 자치회장이 위촉	
임원 임무	-회장 : 자치회 대표, 회계업무 책임 -부회장 : 회장 보좌 유고시 직무대리 -회계 및 부장 : 회계업무 및 각 사업 집행	-회장 : 자치회 대표, 회계업무 책임 -부회장 : 회장보좌, 유고시 직무대행 -서기 : 회무기록, 자치회 내외의 연락과 홍보 -회계 : 출납사무 처리, 회계서류 관리 -회계감사 : 자치회 회계감사 -조장/블럭장 : 조와 블록의 관리 및 회계업무 협력 -전문부장 : 각 전문부서 대표 및 업무처리
임원 임기	-2년, 단 재임 가능	-2년, 재임 가능
임원 선출	-회장/부회장/회계/문화부장/화경부장/방범부장 : 자치회 임원유경험자 중 추전을 받아 총회의 승인으로 결정 -체육부장 : 체육위원 중에서 선출	-회장/부회장/서기/회계/회계감사/전문부장 : 총회에서 출석자의 투표로 회원(조장 및 블록장) 중에서 선출 -선출방법 : 선거세칙에서 규정하되, 선출된 임원은 총회에서 승인 필요 -조장과 블록장 : 각 단위회원 중에서 선출
회계 감사	-회계감사 : 2명, 2년 임기, 재임 가능 -회계감사자 : 임원회에서 추천하고 자치회장이 위촉	
체육 위원	-위원 : 체육부장 추천 및 자치회장 위촉 -수 명으로 구성하되 2년 임기	
조장	-조장이 임원으로 선출된 조는 후임 선출 -임무 : 조장회와 총회 출석 및 결정사항 전달, 자치회의 전달사항 처리, 방범등 점검, 회원요망접수 및 연락, 자치회비 징수 회원이동 보고, 쓰레기처리 지도, 행사참가, 전문부서 소속 및 행사참가	-조장과 블록장 : 윤번제 운영
하부 기관/ 연합 조직	-조 : 회원수 20~30호로 조직	-자치회의 하부조직 : 조와 블록 -조와 블록 편성 : 당해 주민 협의 후 임원회 의결 및 총회 승인 -자치회 연합조직(회장회, 구장회, 협의회 등) 구성 **★표준적 조 규모 : 30~50호 정도 (3~5의 반 규모)**

기관 종류	총회, 임원회, 조장회	총회, 임원회, 전문부서회
기관 임무	-총회 : 예산과 결산, 사업계획 및 보고, 규약 개폐, -총회 : 최고의결기관으로 출석과반수로 결정 -임원회 : 총회업무를 기획 및 관리운영	-총회 : 사업보고/회계결산/자산관리보고/사업계획/회비개정/예산 승인, 규약개정, 임원선출 등 -회의성립 : 1/2 출석(위임장 제출)으로 성립 -의결 : 출석자의 과반수 찬성 -총회 의장 : 회원 중에서 선출 -임원회와 전문부서회 의장 : 임원회장과 전문부서장
기관 구성	-총회 : 임원 및 조정으로 구성하고 매년 3~4월 개최 -임원회 : 임원 전원, 월 1회 개최 -조장회 : 조장 전원, 2개월에 1회	-총회 : 최고의결기관으로 정기총회(년1회)와 임시회(1/3 이상 청구, 임원회 의결로 회장이 소집)로 하고, 1세대 1명의 회원으로 구성 -임원회 : 회계감사를 제외한 각 임원으로 구성하되, 필요시 회장이 소집 -전문부서회 : 각 전문부서원으로 구성하되, 월1회 부서장이 소집
전문 부서 설치	-환경부, 문화부, 체육부, 방범부	-총무기획부, 방재방범부, 환경위생부, 교통안전부, 문화부, 체육부, 복지부, 조사홍보부, 시설관리부 -임원회가 승인 시 임시 전문부서 설치 가능
운영 경비	-운영비 : 회비 및 협력금 -회비 : 1호당 매월 300엔(임시수당 가능)	-수입 : 회비, 기부금, 보조금, 기타 -회비 : 1세대 ○○○엔으로, 조 및 블록에서 장이 매월 00일까지 회계에 납입하되, 회비감면이 가능 -기부금: 축제시 혹은 정기적인 개인/기업의 기부재원 -보조금 : 행정사무를 수탁 처리할 경우 **★홍보지와 연락문서 배포(90.9%), 각종모금협력 의뢰(82), 시와 주민간 상호연락사무(74), 각종조사(53.7), 징세납입통지서배포(52.3), 재해공재가입촉진(45.5), 쓰레기수집위탁(8) 등**
수입 지출 회계		-수입지출 및 자산 장부정비 -지출 : 예산범위 내 지출, 회원에게 정해진 조의금 지불, 납입회비의 반환 안됨 -회계 : 장부 열람 청구시 열람 **★지출 : 총무비(회의비/교통비/통신비/소모품비/계기정비비/인쇄비/위생비/인건비/사무소**

		비/수도광열비/수선비/공과금비/분담금/예비비)와 사업비(각종 사업 활동)로 구분
회계 감사		-회계연도 종료 후 감사 실시 및 총회에 보고
회계 년도	매년 4월 1일부터 익년 3월 31일	매년 4월 1일부터 익년 3월 31일
기입 탈퇴		-가입 : 조장과 블록장 혹은 자치회장에게 서류 제출 -탈퇴 : 구역 내 거주하지 않을 때 본인의 요청
부칙		-규약개폐 : 총회 의결 -세칙 제정 : 임원회에서 제정하고 다음 총회에 보고 및 승인

출처: A자치회 내부자료, 「中田実·小木曽洋司·山崎丈夫 (2004), 新 自治会・町内会モデル規約—条文と解説, 東京 : 自治体研究社..」

한편 자치회가 규약을 변경할 경우, 전체 구성원의 3/4 이상의 동의를 받아야 하고 만일 별도의 규정이 있을 경우 이에 따른다. 규약의 변경은 반드시 시정촌장의 인가를 받아야 효력이 발생한다.

자치회 사례

1. 카와사키시 (川崎市)

가. 구성

1) 연혁

1924년 7월 1일 카와사키정(川崎町), 사이와이촌(御幸村), 다이시정(大師町)이 합병되어 카와사키시가 탄생되었다.[13] 1938년 카나가와현(神奈川縣)은 카와사키시를 포함하여 각 시정촌에 「국민저축장려요령」, 「5인조 정비에 관한 건」을 시달하여 행정의 말단업무를 담당하는 조직으로 정내회·부락회·5인조를 설치토록 하였다. 그 후 1940년 9월

13) 이후 1927년에 田島町, 1933년에 中原町, 1939년 柿生村과 岡上村을 편입하여 현재의 시를 형성하였다. 한편 카와사키시의 인구와 세대수는 2009년 140만 9,558명에 652,609세대이던 것이 2013년 말 144만 8,196명에 678,310세대로 증가하였다. 이하에서 都道府縣 및 市町村의 표기는 일본의 지방자치단체로 토(to) 도(dou) 후(hu) 켄(ken), 시(si), 쵸(cho), 무라(mura)로 발음되나, 지명에 붙은 도도부형 및 시정촌의 경우 이하에서는 시 정 촌으로 사용하고자 한다.

내무성이 「부락회·정내회 등 정비요강」을 시달하여 정내회 조직을 통한 국민동원시스템을 유지하였는데, 조직적으로 부락에 부락회를, 시가지에 정내회를 설치하게 함으로써 시정촌의 보조적 하위조직이 되어 전시하의 국민생활에 큰 영향을 주었다.

이에 따라 카와사키시는 1940년 11월에 「카와사키시 정내회 설치규정」을 시행하였다. 이 규정에 따라 정(町) 혹은 정목(丁目)을 기준으로 정내회를 설치하였고, 시 지역을 7개로 구분하여 7개의 정내회연합회를 설치하였다. 1941년 2월 정내회 수는 200개(세대수 54,680)였고 동년 4월에 제1회 정내회연합총회를 개최하였다. 이로써 카와사키시에서도 국민동원체제가 확립되고 전쟁목적 완수에 협력하게 되었다.

전쟁 이후 1947년에 연합국 최고사령관총사령부는 앞서 언급한 바와 같이 정내회를 폐지시키고 종래의 정내회장 및 연합회장이 행하던 행정사무를 시정촌으로 이관시켰다. 이로 인해 주민조직인 정내회는 행정의 말단으로 위치하게 되었다. 그러나 1952년 샌프란시스코 강화조약이 발효되어 정내회 등의 결성을 금지하고 있었던 정령(政令)의 효력이 상실되면서 자치적인 지역주민조직으로 부활되었다. 이 시점에서 카와사키시의 정내회의 수는 183개에 이르렀고, 1956년에 231개로 증가하면서 명칭은 정내회, 정회, 자치회, 부락회, 공민회 등 다양하게 불리게 되었다. 그 후 5년 후인 1961년에 317개, 2009년에 647개, 그리고 2012년 4월 현재 649개가 존재하고 있다.[14)]

14) www.city.kawasaki.jp.

2) 구성

(가) 개요[15)]

카와사키시의 경우, 정(町)과 정목(丁目)을 단위로 정내회가 설치되고, 지구단위별로 지구(地區)정내회연합회가, (행정)구단위별로 구(區)정내회연합회(혹은 구(區)정내회연락협의회, 구(區)정내·자치회연합회 등의 명칭을 사용함)가, 그리고 시 지역을 전체로 카와사키시 전(全)정내회연합회가 설치되어 있다. 2013년 현재 카와사키시에는 1개의 카와사키시 전정내회연합회(川崎市全町內會聯合會), 7개의 구정내회연합회(區町內會聯合會), 22개 지구정내회연합회(地區町內會聯合會) 및 510개 정내회(町內會)로 구성되어 있다.[16)]

〈표 13〉 카와사키시 정내회연합회의 구성

구분	구 연합회	지구연합회		정내회
전 정내회 연합회(川崎市全町內會聯合會:1개)	구 정내회연합회 (區町內會聯合會:7개)	지구 정내회연합회(地區町內會聯合會:22개)		510개 (606개)*
↑	↑	↑		
구 정내회 연합회	카와사키구 (川崎區) 연합정내회	7개	-츄오우 지구 (中央地區) 연합정내회(26개) -오오시마 지구 (大島地區) 연합정내회(8개) -오다 지구 (小田地區)정내회연합회(8개) -린코지구 (臨港地區) 정내회연합회(8개) -와타리다 지구 (渡田地區) 정내회연합회(9개) -다이시 지구 (大師地區) 정내회연합회(27개)	91

15) 카와사키시의 자치회는 대체로 정내회로 불리는 바 이하에서는 자치회 대신 정내회로 기술하고자 함

16) 川崎市全町內會聯合會(2010), 町內會·自治會 ハンドブック, 2010.4. p.6. 카와사키시 전정내회연합회는 일본 전체를 관장하는 전국자치회연합회와 카와사키시의 상급자치단체인 카나가와현 자치회연합회에 가맹되어 있다.

		-타지마츄오우 지구 (田島中央地區) 정내회 연합회(5개)	
사이와이구 (幸區) 정내회연합회	3개	-미나미가와하라 지구 (南河原地區) 정내회 연합회(18개) -미유키 지구 (御幸地區) 연합정내회(31개) -히요시 지구 (日吉地區) 지구정내회 연락 협의회(17개)	66
나카하라구 (中原區) 정내회연락협의회	5개	-코스기 지구 (小杉地區) 정내회연락협의회 (20개) -오오토 지구 (大戶地區) 정내회자치회연락 협의회(20개) -스미요시 지구 (住吉地區) 정내회연락협의회 (14개) -타마가와 지구 (玉川地區) 정내회연락회 (13개) -마루코 지구 (丸子地區) 연합회정내회(10개)	77
다카쓰구 (高津區) 전정내회연합회	2개	-다카쓰 지구 (高津地區) 연합정내회(54개) -다치바나 지구 (橘地區) 연합자치회(52)	106
미야마에구 (宮前區) 전정내·자치회 연합회	2개	-미야마에 지구 (宮前地區) 연합정내회(24개) -무카이가오카 지구 (向丘地區) 연합자치회 (46개)	70
다마구 (多摩區) 정회연합회	2개	-이나다 지구 (稲田地區) 정내연합회(27개) -이쿠타 지구 (生田地區) 정회연합회(63개)	90
아사오구 (麻生區) 정회연합회	1개	-아사오 구 (麻生區)정회연합회(10개)	10

* www.kawa-zencho.com에서 조사한 자료에 의하면 510개가 연합회에 가입된 것으로 나타났다. 그런데 시민아동국(2013)의 시민위원회 자료에서는 606개가 연합회에 가입된 것으로 나타나고 있다.

(나) 카와사키시 전정내회연합회(川崎市 全町內會聯合會)

카와사키시 전정내회연합회는 각 구 정내회연합회의 상호 연락을 행하고, 지역사회의 진흥발전을 도모하는 것을 목적으로 1961년(쇼와 36년)에 설립되었다. 7개 구의 연합회장을 중심으로 조직되며, 상임이사회(회장, 부회장, 회계, 감사)를 두고 이들을 구성원으로 한다.[17)]

주요 활동으로는 정·부회장 회의 및 임원회의에서 안건 협의를 행하고, 매년 「정기총회」를 개최하여 활동보고 및 회계보고를 행하며, 정내회·자치회 활동을 연구하기 위한 연수회를 개최하고, 「전정내회대회」를 개최하여 지역에 공헌한 정내회장에 감사를 드리며, 시에 대해 지역요망을 전달하고, 교통안전운동 및 미화활동과 자주방재활동에 협력하는 이를 행한다.

(다) 카와사키시 구정내회연합회(川崎市 區町內會聯合會)

카와사키시 구정내회연합회는 카와사키시 내 7개 (행정)구 단위로 구성되어 있다.[18]

① 구 단위별 정내회 현황

카와사키시의 경우, 2009년 4월 1일 기준 정내회는 647개이다. 구별로 구분해 보면 카와사키구(川崎區) 95개, 사이와이구(幸區) 66개, 나카하라구(中原區) 77개, 다카쓰구(高津區) 107개, 미야마에구(宮前區) 72개, 다마구(多摩區) 106개, 아사오구(麻生區) 124개이다. 정내회 수는 아사오구(麻生區)가 가장 많지만 1단체당 평균가입세대수는 적은 것을 볼 수 있다. 그리고 가입세대수는 나카하라구(中原區)가 최다이며, 가입률의 경우는 사이와이구(幸區)가 제일 높은 것을 볼 수 있다.[19]

---

17) www.kawa-zencho.com.

18) 상계 홈페이지

19) 川崎市全町內會聯合會(2010), 전개서, 2010.4.

〈표 14〉 카와사키시의 구 단위별 정내회 현황 (2009년)

구명	단체 수	가입세대 수 (a)	총 세대 수 (b)	가입률 (a/b %)	단체당 평균가입세대 수
카와사키구(川崎區)	95	68,237	104,182	65.5	718
사이와이구(幸區)	66	49,858	68,749	72.5	755
나카하라구(中原區)	77	82,030	113,717	72.1	1,065
타카쓰구(高津區)	107	65,088	98,902	65.8	608
미야마에구(宮前區)	72	59,822	90,049	66.4	831
다마구(多摩區)	106	61,601	102,283	60.2	581
아사오구(麻生區)	124	47,692	69,343	68.8	385
합계	647	434,328	647,225	67.1	671

출처: 川崎市全町內會聯合會(2010), 町内会·自治会ハンドブック

2013년(평성 25년) 4월 1일 자료에 의하면, 7개 구의 정내회 수는 649개로 2009년 647개와 크게 다르지 않다. 구별로 보면 가입세대 수와 총세대 수는 증가한 것을 볼 수 있지만(川崎區제외) 단체 수의 변화가 많지 않아 가입률은 하락한 것을 볼 수 있다(幸區제외). 당연히 단체 당 평균가입세대 수는 증가한 것을 볼 수 있다.[20]

〈표 15〉 카와사키시의 구 단위별 정내회 현황 (2013년)

구명	단체 수	가입세대 수 (a)	총 세대 수 (b)	가입률 (a/b %)	단체당 평균 가입세대 수
카와사키구(川崎區)	95	67,239	106,125	63.3	708
사이와이구(幸區)	69	52.524	71,435	73.5	761
나카하라구(中原區)	77	83,630	118,142	70.8	1,086
타카쓰구(高津區)	106	66,034	103,435	63.8	623
미야마에구(宮前區)	72	61,907	93,502	66.2	860
다마구(多摩區)	106	60,804	103,612	58.9	574
아사오구(麻生區)	124	49,278	72,517	68.0	397
합계	649	441,416	668,768	66.0	680

출처: 川崎市 市民児童局(2013), 市民委員会 内部資料.

20) 川崎市 市民児童局(2013), 市民委員会 内部資料. 다만 카와사키시 구정내회연합회 홈페이지에 나타난 정내회 개수를 구별로 비교해 보면 시민위원회 자료보다 다소 적은 것을 볼 수 있다.

② 區정내회연합회(區町内会連合会) 및 地區정내회연합회

구 정내회 연합회는 지구 정내회 연합회를 구성단위로 하고, 그리고 지구 정내회 연합회는 그 관할구역내의 정내회를 구성단위로 한다.

다마구(多摩区)의 정회연합회(町会連合会)를 살펴보면,[21] 1967년(쇼와 47년)에 발족되었는데, 그 당시 3개의 정회연합회(稲田町会連合会, 生田地区 町会連合会, 柿生 町内会連合会)로 설립된 다마구 정회연합회연락협의회(多摩区 町会連合会連絡協議会)로 시작되었다. 그 10년 후인 1982년(쇼와 57년) 7월에 2개(稲田 町会連合会와 生田地区 町会連合会)로 재편되면서 다마구 정회연합회(多摩区 町会連合会)가 되었다. 2013년 현재 다마구 정회연합회는 2개의 지구정회연합회로 구성되고 7개의 지구단위로 구분·운영되고 있다. 다마구(多摩区)의 7개 지구별 90개의 정내회 현황은 아래 표와 같다.

〈표 16〉 다마구의 지구별 정내회 명칭

지구	정내회 명칭
세키·나가오·슈쿠가와라 지구 (堰·長尾·宿河原地区(7개))	堰町会, メゾンドール多摩川管理組合, 宿河原町会, 多摩新町自治会, 宿河原東住宅自治会, 宿河原４丁目町会, 宿河原５丁目町会
노보리토 지구 (登戸地区(12개))	登戸南武町会, 登戸下河原町会, 登戸南町会, 登戸東本町会, 登戸中央町会, 登戸新川町会, 登戸中部町会, 登戸台和町会, 登戸多摩川町会, 登戸新町町内会, サニーハイツ向ヶ丘自治会, カサベルダ向ヶ丘管理組合
나카노시마 지구 (中野島地区(6개))	中野島町会, 中野島住宅自治会, 中野島第２住宅自治会, 中野島多摩川自治会, 中野島団地自治会, 中野島南自治会
스게 지구 (菅地区(1개))	菅町会

21) www.tamaku-chouren.com;www.kawa-zencho.com/kakuku/tama.htm 참고 작성

이쿠타히가시 지구 (生田東地区(30개))	明王町会, 明王台ﾊｲﾂ自治会, 生田宿自治会, 榎戸交柳会, 大道町会, 大道自治会, 大谷自治会, 根岸町会, 川崎生田住宅自治会, 稲目町会, 松和会, 松友会, 松本ふたば会, 東三田自治会, 公社生田住宅自治会, 大谷南自治会, 大谷台会, ﾊｲﾂ向ヶ丘遊園管理組合, 多摩ﾌﾗﾜｰﾏﾝｼｮﾝ管理組合, ｼﾃｨｳｲﾝｽﾞ生田管理組合, 東三田ハウス自治会, ﾚｲﾃﾞｨｱﾝﾄｼﾃｨ向ヶ丘遊園自治会, 飯室上耕地自治会, 飯室中耕地自治会, 飯室下耕地自治会, 飯室谷町会, まみあな自治会, 生田あやめ会, ともしび会, 鴛鴦沼自治会
이쿠타키타 지구 (生田北地区(15개))	土渕自治会, 東土渕自治会, 生田団地自治会, センチュリオン生田管理組合, 五反田自治会, 生田山の手自治会, 月見台自治会, 生田みどり自治会, 生田グリーンハイツ管理組合, 寺尾台自治会, 寺尾台住宅管理組合, 県警寺尾台公舎自治会, たちばな台自治会, 寺尾台パークホームズ会, 大作自治会
이쿠타미나미 지구 (生田南地区(19개))	かりがね台自治会, 高見台自治会, 栗谷町会, 南生田自治会, つつじが丘自治会, 生田ガーデニア自治会, 平野町会, 葉月町会, 長沢団地会, 長沢春秋台自治会, 長沢自治会, 西三田住宅管理管理組合, 南三田町会, 三田台自治会, 三田３丁目自治会, 三田昭和通り町会, 三田４丁目自治会, ソフトタウン生田管理組合, 三田５丁目自治会

출처: www.tamaku-chouren.com;www.kawa-zencho.com/kakuku/tama.htm 참고 작성

한편 카와사키구 연합정내회는 카와사키시 전정내회연합회에 가입되어 있고, 카와사키구 내의 정내회·자치회장을 회원으로 하는 각 지구 정내회연합회(연합정내회)를 토대로 구성되어 있다. 임원은 회장 1인, 부회장 2인, 회계 1인, 회계감사 2인, 이사 약간인, 참여 1인, 부참여 2인으로 구성된다. 그리고 사무국은 카와사키구청(川崎区役所) 지역진흥과 내에 두고 있다.

(라) 카와사키시 정내회

2005년에서 2009년까지 카와사키시의 정내회는 매년 조금씩 증가하고 가입세대 수도 증가하며 1단체당 평균가입 세대 수도 다소 증가하고 있으나, 총세대 수 대비 가입률은 매년 조금씩 감소하는 것을 볼 수 있다. 그리고 2013년(평성 25년) 4월 1일 기준으로 보면, 7개 구의 정내회 수는 649개로 2009년에 비해 변화가 없으나 가입세대 수와 총세대 수는

다소 증가하고 있지만 실제 가입률은 다소 낮아진 것을 볼 수 있다. 지속적으로 가입세대 수의 증가에도 불구하고 실질 가입률이 낮아지는 것에 주목할 필요가 있다. 또 한편 카와사키시의 시민위원회 자료에 의하면 정내회 수는 2009년부터 연도별도 조금씩 증가하고 있지만 가입률은 지속적으로 감소하는 것으로 나타나고 있다. 종합해 보면 자치회에 대한 실질 가입률이 지속적으로 낮아지고 있는 현상을 보이고 있는 특징을 갖는다.

〈표 17〉 카와사키시의 정내회 수 및 가입 현황

연도	단체 수	가입세대 수(a)	총세대 수(b)	가입률(a/b %)	단체당 평균 가입세대 수
2005	639	416,509	590,512	70.5	652
2006	642	420,890	600,012	70.1	656
2007	643	426,437	616,458	69.2	663
2008	645	432,891	633,924	68.3	671
2009	647	434,328	647,225	67.1	671
·	·	·	·	·	·
·	·	·	·	·	·
2013.4.1	649	441,416	668,768	66.0	680

출처: 카와사키시 전정내회 연합회(2010), 정내회·자치회 핸드북

3) 조직과 규약

(가) 설립절차

카와사키시의 정내회 설립은 대규모적인 개발로 주택이 많이 들어선 새로운 지역 및 주택이 밀집된 곳에서 이루어지는데, 그 절차는 아래와 같다.

〈표 18〉 카와사키시의 정내회 설립 절차

절차	참고사항
①발기인회(준비위원회) 설치	
②구역 결정	
③목적·조직·활동 내용 결정	-주민의 요망사항 수집·반영
④규약(안) 작성	
⑤설립 취지서 작성, 주민 가입신청서 작성 및 배포	
⑥가입신청서 접수	
⑦구역의 반(班) 단위 분할, 명부 작성	
⑧설립총회 개최 준비	-회의순서, 사회진행 등 역할, 의장 등 임원선출 방법, 의안설명, 의결방법 협의 -사업계획서안과 예산안 작성, 의안서 작성 -가입신청자에게 총회 개최통지서 발송
⑨총회 개최, 의안 심의 및 의결	-목적, 구역, 규약, 대표자, 임원, 사업계획안, 예산안, 자산 등

출처: 카와사키시 전정내회 연합회(2010), 정내회·자치회 핸드북

(나) 규약

① 정내회 규약

정내회는 반드시 활동의 기본이 되는 규약을 가져야만 한다. 카와사키시 카와사키구(川崎區)의 오오시마 4정목 정내회(大島4丁目 町內會)의 규약을 보면 아래 표와 같다.[22]

〈표 19〉 카와사키시 오오시마 4정목 정내회 규약

정내회 규약	
제1장	**총칙**
제1조	본회는 오오시마4정목 정내회로 칭한다
제2조	본회는 오오시마4정목에 거주하는 세대를 가지고 조직한다
제3조	본회는 사무소를 대도4정목 20번지 6호에 둔다

22) 川崎區 大島4丁目 町內會, 居住者名簿, 2009.

제2장	**목적**
제4조	본회는 회원상호 친목을 도모하고, 정내 발전에 기여하는 것을 목적으로 한다
제5조	본회는 제4조의 목적을 달성하기 위하여 다음의 사업을 행한다 1.제례(祭禮)에 관한 일 1.정내 교통사고 절감운동과 대책 1.후생복지 및 민생업무 1.문화체육 1.청소년보호육성 1.방범과 방재사상의 보급·지도 1.외등 및 야경 1.위생사상 보급·지도 1.그외 필요하다고 인정한 일
제3장	**임원**
제6조	본회에 다음의 임원을 둔다 회장 1인, 부회장 약간명, 회계 1인, 회계감사 2인, 실행부장 약간명, 실행부부장 약간명, 회관관리위원 약간명
제7조	회장, 회계감사의 선출은 이사회에서 추천하여 총회의 승인을 득하는 것으로 한다
제8조	부회장, 회계, 실행부장, 실행부부장, 회관관리위원은 회장이 추천하여 이사회에서 승인을 득하는 것으로 한다
제9조	임원의 임기는 4월 1일부터 2년으로 하고 재임은 방해하지 않는다
제10조	임원에 결원이 발행할 경우 보충임원의 선출을 행한다. 그 임기는 전임자의 잔여 임기로 한다.
제11조	회장은 본회를 대표하고 회무를 통괄한다.
제12조	부회장은 회장을 보좌하고, 회장 사고의 경우 그의 임무를 대행한다
제13조	회계는 본회계를 처리한다
제14조	회계감사는 회계사무를 감사한다
제15조	본회에 고문, 상담역을 둘 수 있다.
제16조	고문은 이사회의 승인을 득하고 회장이 위촉한다
제17조	고문은 회장의 자문기관으로 한다
제18조	본회에 업무달성을 위해 다음 부문을 설치한다. 총무부, 교통부, 방재부, 문화부, 위생부, 복지부, 방법 및 외등부, 부인부, 체육부, 모친구락부, 노인구락부, 아동회
제4장	**이사**
제19조	이사위선출은 각부, 반에서 그 회원 중 선거 혹은 추천에 의해 결정하고 그 임기는 1년으로 하고 재임은 방해하지 않는다
제5장	**부원**
제20조	각 부원의 선출 및 임기는 본 규약에 준하여 각부의 규약에 기초하는 것으로 한다
제6장	**회의**
제21조	본 회의는 다음과 같이 구분한다. 총회, 임원회, 부장회, 이사회, 방재위원회, 회관관리위원회, 각부회
제22조	본의회의 결정은 출석자 과반수로 결정한다
제23조	총회 및 정기총회(매년 4월)은 회장이 소집하고, 업무 및 예산결산 및 임원의 승인을 득한다
제24조	이사회는 매월 1회를 정례적으로 하고, 그 외 필요에 부응하여 임시회장이 회의를 소집한다
제25조	각 부는 업무달성을 위해 부장은 수시로 회의를 소집한다
제26조	본회의 총회, 이사회, 방재위원회, 회관관리위원회, 부회의 구성은 별도로 정한다

第7장 회계
第27조 본 회의 경비는 회비 및 기부금, 간이보험할인금 그 외로 한다.
第28조 본회의 회비는 월액 300엔으로 매월 징수한다. 시영주택은 280엔으로 한다
第29조 본회의 회계연도는 4월 1일부터 익년 3월 31일까지로 한다
第8장 부칙
第30조 이 규약은 소화54년 4월 1일부터 개정 실시한다
第31조 본 규약의 개폐는 총회 혹은 정원투표에 의하여 행한다
第32조 본회의 운영세목에 관해서는 별도로 정한다
第33조 그 외 필요한 경우는 이사회에서 의결 결정한다

출처: 川崎區 大島4丁目 町內會, 居住者名簿, 2009.

② 정내회의 회관관리규정

동 정내회의 임원에 회관관리위원이 있는데, 이들이 행하는 회관관리규정을 보면 아래 표와 같다.

〈표 20〉 카와사키시 오오시마4정목 정회 및 회관 관리규정

오오시마4정목 정회 회관관리규정	
제1조 (목적)	당 회관은 정회에서 선출된 위원으로 구성하고 정회의 재산인 회관의 관리운영에 해당한다
제2조 (임원)	당 위원회에 다음의 임원을 둔다. 회장 1명, 부회장 2명, 회계 1명(정회의 회계 겸임), 서무 1명, 위원 약간명 위원장은 부위원장, 회계, 서무, 위원을 위촉한다. 임원의 임기는 2년으로 하고 재선은 방해하지 않는다
제3조 (임원의 임무)	회장은 본회를 대표하고 회무를 통할한다 부회장은 회장을 보좌하고 회장사고 시 그 임무를 대행한다 회계는 본회계를 처리한다 서무는 회관의 운영 및 기획, 문서의 정리를 담당한다 위원은 비품의 정리 및 보수 등을 담당한다
제4조 (회의)	회의는 필요에 부응하여 수시. 위원장이 회의를 소집한다
제5조 (사용 규정)	정회 이외의 단체 및 개인의 사용은 유료로 한다. 단 위원회가 승인한 경우는 그러하지 않다 회관의 사용시간은 오전 8시부터 오후 9시 30분으로 한다 매월 제1주 및 3주 일요일은 휴관일로 한다 사용료는 3천 엔으로 한다. 단 주식을 행하는 회합, 강연회, 전시회 등의 경우는 5,000엔으로 한다. 광열비로 냉방, 난방을 사용할 경우는 500엔을 추가한다

	회관의 비품을 외부에서 사용할 경우 1,000엔 이상을 추가한다.
제6조 (회계)	본 위원회의 회계는 정회의 본 회계에서 처리한다
부칙	본 규정의 개폐는 위원회에서 행하여 이사회의 승인을 득한다 본 규정은 소화 53년 9월 8일 시행한다

출처: 川崎市 川崎区 大島四丁目町内会 (2005), 居住者名簿

나. 운영

(가) 활동

카와사키시의 정내회의 활동은 일본 내 다른 정내회와 차이는 별로 없다. 약 5가지의 활동으로 구분되는데, 대체로 재해에 강한 마을 만들기(자주방재조직을 중심으로 한 방재활동), 안전한 마을 만들기(방범 및 안전활동), 깨끗한 마을 만들기(환경미화활동), 상호 참여하는 마을 만들기(축제 등 이벤트 개최), 안심하고 건강한 마을 만들기(사회복지, 교육활동), 정보를 공유하는 마을 만들기(홍보지 배포 및 회람 등), 종합적인 마을 만들기(행정, 각종 단체와의 연휴, 구와 시의 요망사항 제출)로 구분된다.

〈표 21〉 카와사키시 정내회의 주요 사업

주요사업	내용
재해에 강한 마을 만들기	-자주방재조직 활동 : 자주방재조직 결성으로 방화, 응급구호, 피난유도 훈련, 방재계발용비디오 등 계발활동을 행하고, 비상시에는 정보수집 및 초기 소화활동, 피난소개설 및 유도 활동 -자주방재조직 지원활동 : 방재계발활동에 대한 조성금교부,방재용기자재 구입비용 보조 등
안전한 마을 만들기	-지역방범 순찰대 활동 : 참가 시간을 구분하여 아이들 통원·통학 및 공원 순찰 등 -방범등 설치 및 보수 활동 : 방범등 설치 및 유지관리, 전주관리번호 대응 및 간선도로 및 교차로 설치 조명 건의 등
깨끗한 마을 만들기	-천변 주위 미화활동 : 미화운동실시본부와 공동개최로 아동공원 미화활동 등 -시의 통일미화활동 : 주거주변, 역전광장, 도로, 공원 등 청소활동 등

상호 참여하는 마을 만들기	-축제, 민속회, 운동회, 각종 스포츠대회 등 고령자 참가 유도 -축제의 이벤트 기획, 준비 및 실시, 반성회 참가 등
안심하고 건강한 마을 만들기	-사회복지 활동 : 아동회 활동, PTA활동, 소·중학교 연계활동, 경노회 및 경노축의금 배포, 고령자 지킴이 활동 등 -교육활동 : 컴퓨터교실, 응급처리 강습회, 초등생방범 강습 등
정보를 공유하는 마을 만들기	-홍보지 배포 및 회람 -다른 지자체와 경찰·소방·학교, 시민회관 등에 의뢰하여 회람, 정내회 게시판 게시 등
종합적인 마을 만들기	-행정기관의 각종 위원 등 추천, 주요회의 출석, -사회복지협의회와의 제휴 : 사회복지협의회의 찬조회비, 각종모금 활동에 협력, 협의회 홍보지 배포 등
시와 구에 대한 요망활동	-도로 정비 및 보수, 교통문제, 쓰레기문제, 역 주변 정비, 방범대책, 교통안전대책, 자전거대책 등 문제와 개선책 제안
기타	-정내회 회관 관리, 회원 경조사 대응 등

출처: 카와사키시 전정내회 연합회(2010), 정내회·자치회 핸드북

실제, 카와사키시에서는 시민을 대상으로 한 "정내회 활동에서 기대하는 것"이란 조사(2008년, 헤이세이 20년 3월)를 한 바 있다. 48.9%로 50%에 근접하게 가장 높게 나타난 것은 "지역민들이 가벼운 마음으로 참가하고 쉽게 조직·활동을 할 수 있게 하는 것"이었고, 그 다음은" 정내회 활동을 홍보하고, 예산과 결산 및 활동내용 등 다양한 활동 정보를 공개하는 것(22.3%)"으로 나타났고, 그리고 현재대로 활동하는 것이 좋다고 응답한 것이 25.6%로 나타난 바 있다.

한편 오오시마4가 정회의 활동방침으로 활력 있고 풍부한 감성과 마음을 키우고, 빛나는 미래를 향해서 상호 간 화합하여 재해도 없고 밝고 즐거운 마을을 만들어 가는 것을 표방하고 있다. 정내회의 각 부서의 활동은 아래 표와 같다.

〈표 22〉 카와사키시 정내회의 부서별 활동

부서	활동사항
총무부	각부 회의, 정기총회, 제례, 봉오도리(7월 15일 춤축제), 경노회, 연합회 행사 등
교통부	교통안전, 춘추교통안전주간 가두지도, 춤 축제 경비 등
방범외등부	방범활동, 방범가두지도, 외등시설 유지관리, 춤축제 경비 등
방재부	방재방화활동, 소화기점검, 비상시 주민조직화, 피난훈련, 춤 축제 경비 등
문화부	가라오케교실, 사교댄스, 춤 축제 등
위생부	건강진단, 워킹, 건강체조, 의사강연, 춤 축제 등
부인부	공장견학, 요리강습, 1일여행, 총회·춤축제·제례·경노회·연말경비 등 지원
체육부	각종단체행사, 스포츠전반, 볼링대회 등
아동회	각종단체행사, 아동야구, 하이킹, 볼링대회, 신입생환영대회, 춤축제 북치기 등
어머니구락부	어머니공부회, 수예교실, 유아작품전, 볼링대회, 춤축제 지원 등
복지부	고령자 및 장애자복지 강연회, 독거자 식사제공, 노인댄스, 독거자 생일선물방문, 배포신문 접기, 회관청소, 총회·제례·경노회 지원 등
노인구락부	가로수 보호운동, 운동회, 걷기운동, 게이트볼 등

출처: 카와사키시 전정내회 연합회(2010), 정내회·자치회 핸드북

〈그림 3 〉 카와사키 시 축제

사례지역인 오오시마4가 정회는 680명의 회원으로 구성되고, 회장

1명, 부회장 약간 명, 회계 1명, 회계감사 2명, 실행부장 및 부부장 약간 명, 회관관리위원 약간 명으로 구성되어 있다. 내부조직별 임원 수는 총무부(2명), 교통부(11명), 방범외등부(8명), 방재부(17명), 문화부(8명), 위생부(8명), 부인부(4명), 복지부(4명), 체육부(4명), 아동회(4명), 어머니구락부(5명), 복지부(6명), 노인구락부(8명)으로 구성되어 있다.

(나) 운영

① 사업계획 수립

정내회 사업계획은 정내회 활동을 어떻게 행하고 스스로 마을을 살기 좋은 곳으로 만들어갈 것인가를 제시하는 것으로, 활동의 목적과 내용을 공유하고 가능한 많은 의견을 듣는 것을 중요시한다. 카와사키시의 정내회 사업계획 수립과정은 다음과 같다.

1단계 : 전년도의 반성과 실태를 파악하여 논의를 통해 사업 결정 2단계 : 각각의 사업 목표 설정 3단계 : 사업내용과 활동방법, 횟수 등의 결정 4단계 : 다른 사업과의 조정 5단계 : 사업을 실시하기 위한 예산 검토 6단계 : 연간 사업계획 및 월별 사업계획 작성

② 예산과 결산

정내회의 수입은 정내회 회원으로부터의 회비가 주요한 재원이고, 이 외에 기부금, 행정보조금과 회관임대료, 잡수입, 이월금 등으로 구분된다. 그리고 지출은 총무비(운영전반)과 사업비로 대분된다.

첫째, 회비는 정내회 사업경비에 필요한 만큼 회원들에게 받는다. "1세대 당 월액 000엔"으로 규약에 기재하는 방법으로 총회에서 금액을 결정한다. 오오시마4가 정내회 회원의 회비는 2009년에 월 300엔(시영

주택은 280엔)을 징수하고 있다.

둘째, 정내회의 활동과 관련하여, 카와사키시로부터 지원받는 것은 보조금과 조성금, 장려금, 표창 등이 있다. 카와사키시 전정내회연합회에 대한 활동조성금, 정내회관 건설자금 융자 및 보조금, 방범등 설치보조 및 유지관리 보조금, 공원녹지장려금, 가로수장려금, 자원집단회수사업 장려금, 폐기물감량지도원 활동 지원단체 장려금, 자주방재조직활동조성금, 자주방재조직의 방재기자재구입 보조, 지역방재활동촉진조성금, 시정홍보지배포사례금, 선거공보배포사례금 등이 있다.

〈표 23〉 카와사키시 정내회 운영 재원

<table>
<tr><th colspan="2">내용</th><th>보조금, 조성금 명칭</th></tr>
<tr><td colspan="2">정내회 관련 조직에 대한 것</td><td>전정내회연합회 보조금, 시민자치재단 보조금</td></tr>
<tr><td colspan="2">정내회 회관 정비에 관한 것</td><td>정내회 회관건설자금 보조금, 정내회회관내 진개수공사등 조정금, 정내회회관 건설자금융자금</td></tr>
<tr><td rowspan="4">정내회 등 활동에 관한 것</td><td>재해에 강한 마을 만들기</td><td>자주방재조직활동 조성금, 자주방재조직 방재자기재 구입보조금, 지역발재활동촉진 보조금</td></tr>
<tr><td>안전한 마을 만들기</td><td>방범등설치 보조금, 방범등전기료 및 보수비 보조금</td></tr>
<tr><td>깨끗한 마을만들기</td><td>공원녹지애호회 보상금, 가로수등 애호회보상금, 관리운영협의회 보상금, 자원집단회수사업 등록단체 장려금, 폐기물감량지도원 지원단체보상금</td></tr>
<tr><td>정보공유 마을만들기</td><td>시정소식 배포사례, 그 외 다른 인쇄물배포사례, 현(縣)소식 배포사례, 선거공보 배포사례, 의회지 배포사례</td></tr>
</table>

출처: 川崎市(2010), 平成25年度 町内会·自治会等支援関係事業等 要綱集

위 표에서 전정내회연합회보조금과 관련한 교부요강을 살펴보면, 아래와 같다.

〈표 24〉 카와사키시 전정내회연합회 보조금의 교부요강

조 항	내 용
제1조 (취지)	-본 요강은 시내의 각 정내회의 제휴를 통해서 지역사회 진흥발전을 도모하는 것을 목적으로 해서 활동하고, 카와사키시전정내회연합회(이하 전정련이라함)에 대해서 그 자주적인 활동을 지원하기 위해 예산 범위 내에서 보조금을 교부하는 것에 따라 필요한 사항을 정하는 것으로 한다.
제2조 (보조 대상)	-전정련 운영 : 홍보활동(총회, 대회, 임원회 개최), 조사 및 연수(조사연수, 전문위원회 운영, 시찰연수등) -전정련 사업 : 홍보계발(가입촉진, 정내회 등 홍보), 추진활동(우호도시교류, 기념사업, 근속표창, 전국자치회연합회 가입), 타단체와 기관과의 교류 -각구 주민조직에 대한 활동 조성 -전정련 운영과 사업 중에서 다른 도시에서 실시하는 경우 교통비와 숙박비 상당액으로 한다
제3조 (보조금 교부 신청)	-전정련 대표자는 보조금 교부를 받고자 할 때는 보조금교부신청서에 다음 서류를 첨부하여 시장에게 제출한다 -사업계획서, 수지계획서, 규약, 임원명부
제4조 (보조금 교부 결정)	-시장은 제3조에 의한 신청서 제출을 받을 때에는 필요한 조사를 행하고 보조금 교부의 지령을 행한다
제5조 (사업 지시)	-시장은 사업집행에 대해서 필요한 지시를 할 수 있다
제6조 (사업 및 결산 보고)	-전정련은 보조금 교부를 받은 연도의 종류 후 조속히 사업보고서 및 결산서를 시장에게 제출해야 한다
제7조 (보조금 반환)	-시장은 보조금 교부를 받은 전정련이 다음 각 호의 해당할 때 보조금의 교부지령을 취소하고, 혹은 이미 교부한 보조금의 전부 혹은 일부를 반환받을 수 있다 -보조 목적에 반하는 사용을 했을 때, 보조사업의 집행이 부적절하다고 인정된 때, 보조사업을 중지 혹은 폐지했을 때
제8조 (위임)	-이 요강에 정하는 것 이외, 전정련보조금에 관해 필요한 사항은 시민아동국장이 정하는 것으로 한다

출처: 川崎市(2010), 平成25年度 町内会·自治会等支援関係事業等 要綱集

셋째, 오오시마4정목 정내회의 2009년도 총예산액은 3,875천 엔이고, 결산액은 3,955천 엔으로 결산액이 예산액보다 많은 것으로 나타나고 있다. 이는 수입측면에서 회비가 증가했고 지출측면에서는 행사비와 회관관리비 및 예비비 지출이 줄어든 것에 기인하고 있다. 정내회의 규모는 작지만 1년 예산 중 회비가 차지하는 비중이 상당히 높고 보조금의

비중이 적은 것을 볼 수 있다.[23)]

〈표 25〉 오오시마 4정목 정내회의 예산 내역

<수입부>

항목	예산액(엔)	결산액(엔)	비고
이월금	525,790	525,790	
회비	2,300,000	2,348,780	
방범외조성금	400,000	440,032	시의 조성금
경륜경마분배금	300,000	306,800	
회관사용료	0	0	
배포수수료	200,000	129,600	현과 시
간이보험환급금	150,000	145,068	
잡수입	0	59,209	보험해약금
합계	3,875,790	3,955,279	

<지출부>

항목	예산액(엔)	결산액(엔)
총무비 (회의비, 경조비, 사무용품비, 교제비)	480,000	496,125
행사비 (경노회비, 운동회비, 이사연수회비, 연말경계지원비)	415,000	404,035
단체비 (방범협회비, 방화협회비, 방범방화연합회비, 사회복지협의회비, 연합정내회비, 민생부회비)	233,000	234,830
각부 비 (총무부비, 방재부비, 교통부비, 문화부비, 아동회부비, 어머니구락부비, 부인부비, 체육부비, 노인구락부비)	1,030,000	1,038,875
각부 연수비	160,000	187,216
외등비 (전력요금, 전구구입 및 수리비)	400,000	356,386
방재위원회비	30,000	11,832
회관관리비 (전기요금, 가스요금, 수도요금, 보수비, 보험료, 전화요금, 계기비품, 잡비, 청소료, 방화기구점검비)	600,000	405,724
개축준비비	100,000	100,000
재해적립비	100,000	100,000
예비비	327,790	59,785
지출합계	3,875,790	3,393,808
이월금		561,471

출처: 川崎市 川崎区 大島四丁目町内会 (2009), 平成21年度 定期総会 資料

23) 川崎市 川崎区 大島四丁目町内会 (2009), 平成21年度 定期総会 資料

넷째, 회계감사를 행하고 그 결과를 총회에 보고하게 되어 있다. 회계감사 중에 회계처리상 문제가 발생하면 개선방법을 구두 혹은 문서로 총회에 보고한다. 회계감사는 대체로 장부와 결산서 금액과 증거서류 금액의 일치 여부, 계산 착오, 증거서류의 완벽성, 수입지출 차이에 의한 잔고와 통장 잔액 일치 여부, 물건구입 시 사용상황이 기재된 장부 존재 여부, 비품구입 연월일/명칭/수량/단가 등의 장부와 현재의 보유량, 회관의 토지건물등기서류 보관, 적립금조사와 정기예금조서 및 현금의 일치 여부 등을 점검한다.

③ 정내회관과 세금

카와사키시 정내회의 건물과 관련한 세금은 등록면허세, 부동산취득세, 고정자산세 및 도시계획세가 있다.[24] 각 구의 자산세과에서 관장한다.

ⓐ 등록면허세는 신축 및 구입하여 소유권의 보존등기를 할 때 또는 명의인의 변경등기를 할 때 부가된다. 세액은 등록한 부동산의 가격(고정자산세평가액)에 세율을 곱한 액으로 등록신청 때에 납부하게 된다.

ⓑ 부동산취득세는 신축 및 구입한 때 또는 명의인의 변경을 한 때 부과된다. 세액은 취득한 부동산 가격(고정자산세평가액)에 일정한 세율을 곱한 액이지만, 신청에 의해 감면되는 경우가 있다. 카나가와현의 세무사무소에서 관장한다.

ⓒ 고정자산세와 도시계획세는 매년 1월 1일 현재로 회관 혹은 그 토지를 소유하고 있는 사람(등기명의인)에게 부과된다. 그러나 정내회

24) 川崎市全町內會聯合會·山崎市, 전개서, 2010.4.

회관의 경우는 신청에 의해 감면되는 경우가 있고 집회실도 감면되는 경우가 있다.

한편 정내회 회관 관리규칙을 보면 아래 표와 같다.

〈표 26〉 정내회 회관 관리규칙

정내회 회관 관리규칙	
1	00정내회관(이하 회관이라함)의 사용은 이 규칙에 의한다
2	회관을 사용하는 경우, 소정의 사용신청서에 필요사항을 기입하고, 사용할 00일 전까지 정내회장에게 제출하고, 승인을 득해야 한다.
3	회관의 사용 가능한 방과 시간 등은 별도로 정한다.
4	회관사용을 우선하는 경우 및 그 우선순위는 다음과 같다 -비상재해 등에 의해 재해를 입은 자가 일시적으로 사용하는 경우 -정내회가 주요행사 및 회의를 위해 사용하는 경우 -정내회원 등이 장의를 위해 사용하는 경우 -정내회의 각 부서가 사업운영 혹은 제 활동을 위해 사용하는 경우 -공적기관 등이 공공적 목적으로 사용한 경우 -그 외, 공공적 활동 등으로 정내회장이 특히 인정한 경우
5	회관 사용료는 별도로 정한다
6	비상재해 및 정내회가 긴급하게 사용할 필요가 생기는 경우, 이미 승인을 득하고 있는 단체의 사용을 연기 혹은 취할 수 있다
7	정내회 이외의 활동 및 영리를 목적으로 하는 자의 회관사용에 대해서는 별도로 정한다.
8	회관 사용 목적 및 사용인원 등에 따라서 사용할 방을 지정 혹은 회관의 사용을 인정하지 않을 수 있다
9	회관을 사용하는 경우 별도의 사용상 주의사항을 준수하고, 또한 관리책임자의 지시에 따라야 한다
10	회관 사용 후는 사용책임자가 지시하여 기구비품 등의 정비, 화기 점검, 청소 등을 행해야 한다
11	회관 비품 등의 대출, 또는 기기사용에 관한 사용료 등은 별도로 정한다
12	이 규칙에서 정하는 것 이외에 필요한 사항은 정내회장이 정할 수 있다
13	이 규칙은 평성00년 00월 00일부터 시행한다
정내회 회관 사용가능한 방과 시간	
1	사용할 방 : 넓은 방, 객실1, 객실 2
2	사용할 시간 : 오전 9~12시, 오후 12~18시, 야간 18~22시

출처: 카와사키시 전정내회 연합회(2010), 정내회·자치회 핸드북

〈그림 4〉 카와사키시 정내회관 의 전경 (사례)

④ 회원가입 및 촉진

정내회의 가입을 강제하지는 않지만, 1인이라도 많이 가입하는 것이 지역의 커뮤니티 활성화에 도움이 된다고 판단하여 카와사키시 전 정내회연합회는 카와사키시와 협력해서 정내회 미가입자에 대해서 가입을 호소한다.

구역 내 미가입자와 새로운 전입자에 대해서 가입을 권장하고 있고, 이들에게 매력있는 정내회 활동을 소개하는 팜플렛을 만들어 배포하기도 한다. 또한 카와사키시 전 정내회연합회의 홈페이지를 이용하기도 하고 가입촉진 팜플렛 3종(연락처를 각 구의 정내회연합회로 한 것, 색깔로 구분한 연락처를 카와사키시 전 정내회연합회로 한 것, 이 두 가지 팜플렛을 앞뒤로 해서 만든 것)를 만들어 배포한다. 특히 전입자에게는 구청 민원창구에서 전입신고서 제출할 때 가입 팜플렛을 배포한다.

(다) 시와 정내회의 관계

카와사키시 정내회의 활동은 시의 행정과 불가분의 관계하에서 연계·처리된다. 그 중에서 행정으로부터 의뢰되는 사무로서 가장 중요한 것은 시의 위원 및 임원의 추천, 다수 회의 출석 등이다. 지역의 의견을 폭 넓게 행정의 시책에 반영하기 위해 가능한 한 협력이 필요하기 때문이다,

우선 카와사키시의 주요 각종 위원회에 위원 및 임원으로 추천되는데, 이는 시로부터 위탁받은 사무를 처리하는 것과 연계된다. 민생아동위원, 폐기물감량지도원, 청소년지도원, 체육지도위원, 미화추진원, 도로상 위반광고물 제거추진 협력원, 국세조사 조사원, 선거사무종사원 등이 그 대상이다.

둘째, 카와사키시의 관련 위원회 및 각종 회의에 출석하는 경우인데, 지역의 문제에 필요한 조언을 하기도 하고, 행정과 함께 대응과제를 창출하는 등 지역의 대표로서 참가한다.

반면에 위원들의 추천 의뢰와 회의 출석에 있어서 그 수가 과다하기도 하고 일정한 대표자들만이 해당되는 등의 문제를 안고 있기도 하다. 2007년 3월 설문조사 결과, 행정으로부터 정내회에의 회의출석 의뢰 횟수를 조사한 결과, 년 2~10회가 26.1%로 가장 높았고 11~30회의 경우도 약 22.6%로 나타났다. 또한 연 평균 23회가 의뢰되는 것으로 나타나 월 2회 수준으로 나타난 바 있다.

셋째, 자치공로자 표창과 정내회 근속공로자 표창(시장 표창), 카와사키시 전정내회연합회 감사상 수상(연합회장 표창) 등이 부가적으로 행정과의 관계에서 나타나고 있다.

〈표 27〉 카와사키시와 정내회의 연계활동 사항

구분	대상	내용
출석(구청)	정내회장	-구민 회의, 선거 관련 회의, 구민축제 관계회의, 사회를 밝혀가는 운동회의, 구 피난소 운영회의, 구 정내회연합회 각 회의 -지구 정내회연합회 각 회의, 미화활동 관련회의, 안전안심마을만들기 관련 회의, 자주방재조직 관련 회의 등
	정내회 대표자	-보건소운영협의회, 노인보건연락지구협의회, 스포츠활동 관련 회의 등
	구정연합회 대표자	-지역복지계획추진검토회의, 민생이원 추천구회, 교통안전대책협의회 등
출석(국단위)	전 정내회연합회 대표자	-교통안전대책협의회
	전 정내회연합회 추천자	-홍보모니터 위원회, 환경영향평가심의회, 개호보험운영협의회, 사회복지심의회, 도시계획심의회
	구 정내회연합회 추천자	-시민축제실행위원회, 자주방재조직연락협의회, 혈액대책협의회

출처: 川崎市 (2010), 平成25年度 町内会·自治会等支援関係事業等 要綱集

넷째, 카와사키시가 정내회의 주요 활동에 대해 지원하는 활동은 다양한 바, 그 중 특징적인 것을 보면 아래 표와 같다. 그리고 정내회가 행정협력하기 위한 조직으로는 지역커뮤니티 활성화 제휴모델사업, 대형집행주택 주민조직 지원사업, 대학과 제휴한 지역커뮤니티 활성화 촉진사업 등도 있다.

〈표 28〉 카와사키시의 정내회에 대한 주된 지원사항

주요사업	내용
안전한 마을 만들기	-방범등 설치비 보조 : 종래형 방범등 설치액의 1/2 이내 보조, 성(省)인버터방범등 설치액의 1/2 이내 지원, 성(省)LED방범등 설치액의 2/3 이내 지원 -방범등 유지관리비 보조 : 전기요금보조(정내회부담분의 90%), 보수비보조(정내회의 1개 등당 년 1,100엔)
깨끗한 마을 만들기	-하천변 주위 미화활동 및 시 통일미화활동 조성금과 표창 : 미화운동을 실시한 7개 구의 정내회에 1,355천 엔의 조성금 지급, 환경대신표창과 현지사 표창 등 지원

출처: 川崎市 (2010), 平成25年度 町内会·自治会等支援関係事業等 要綱集

(라) 카와사키시의 시민자치재단

카와사키시에는 재단법인인 카와사키시 시민자치재단(이하 시민재단)이 있다. 시민자치활동의 진흥과 사회복지의 향상에 기여할 것을 목적으로, 1979년(소화54년) 6월 2일에 카와사키시와 카와사키시 전 정내회연합회가 협력하여 시나가와현 지사의 사업허가를 받아 설립하였다.[25]

과거 자치회는 임의단체로서 부동산을 소유할 수가 없었다. 카와사키시는 이 상황을 해결하기 위하여 재단법인인 "카와사키시 시민자치재단"을 설립해서 자치회관을 재단에 기부함으로써 실질적 소유를 하도록 하였다.

2013년 현재 카와사키시의 정내회 649개 중 카와사키시 시민자치재단에 회관을 기부하여 소유하는 경우가 180개로 27.7%이다. 그 중에서 인가지연단체(시로부터 법인격을 부여받아 정내회 명의로 정내회관 및 용지를 등기한 단체) 수는 21개로 3.2%에 불과하다.[26] 나머지는 자체적으로 관리하고 있다.

시민자치재단은 정내회의 회관과 집회소 등 지역자치시설의 토지 및 회관의 기부수입과 대부에 관한 일, 시민자치활동 진흥을 위한 연수회 및 강연회 등 개최와 조사연구에 관한 일, 시민자치활동에 관한 정보 및 자료 제공과 상담에 관한 일, 카와사키시 종합자치회관의 관리 운영에 관한 일을 행한다. 그리고 카와사키시 전정내회연합회의 회장이 시민자치재단의 이사장이 되고, 각종 단체 및 행정관료들이 이사 및 평의원

---

25) 川崎市全町內會聯合會·川崎市, 전개서, 2010.4. www.jichizaidan.or.jp 참조작성

26) 카와사키구(川崎區) 8개, 사이와이구(幸區) 2개, 나카하라구(中原區) 3개, 다카쓰구(高津區) 0개, 미에마에구(宮前區) 2개, 다마구(多摩區) 1개, 아사오구(麻生區) 5개이다.

이다.

한편 정내회는 그 소유하는 회관(토지와 건물) 등의 부동산을 기부할 경우 시민자치재단의 비용부담으로 자치재단 명의로 등기를 한다. 그리고 정내회의 부동산을 근거로 대부를 행하는데, 카와사키시의 독특한 제도이다. 기부의 경우 시민자치재단과 정내회장이 3년간 사용대차(使用貸借) 계약을 체결하고(이후 3년마다 경신), 정내회는 무상으로 자유롭게 사용한다. 복수의 정내회가 공동으로 사용할 경우 관리운영위원회를 설치해서 관리운영위원장과 계약을 체결한다. 단 대부된 회관의 개수, 수선, 화재보험료 등 유지관리비는 전액 정내회가 부담한다. 시민자치재단에서 기부받은 물건은 다른 자산으로 운용하지 않고 등기권리서는 은행대금고에 보관하여 관리하게 된다. 2009년 3월 말 시민자치재단에서 기부·관리되는 정내회는 175개였고 2013년 3월 현재 180개이다.

〈표 29〉 시민자치재단에서 기부·관리되는 정내회 현황

구명	단체수 (2013년)	2009년			2013년		
		기부단체 수	토지(건)	건물(건)	기부단체 수	토지(건)	건물(건)
카와사키구(川崎區)	95	44	30	41	44	42	43
사이와이구(幸區)	66	20	10	20	20	10	15
나카하라구(中原區)	77	29	9	29	31	11	19
다카쓰구(高津區)	107	6	5	5	4	3	4
미야마에구(宮前區)	72	11	10	11	14	18	13
다마구(多摩區)	106	37	18	36	33	21	18
아사오구(麻生區)	124	28	24	27	29	26	22
합계	647	175	110	169	180	131	134

출처: 카와사키 시 전정내회 연합회(2010), 정내회·자치회 핸드북

〈그림 5〉 시민자치재단에 의해 기부·관리되는 정내회관 (사례)

2. 미토시 (水戸市)

가. 구성

1) 개요

2013년 기준으로 현재 미토시에는 1개의 미토시 살기 좋은 마을만들기 추진협의회(水戸市住みよいまちづくり推進協議会)가 있다. 이는 미토시 내 32지구의 지구회에 의해서 조직되어, 그 대표자(이사)에 의해 협의회의 운영방침 결정, 행정과의 연결조정을 수행하고 있다.

32개의 지구회는 대개 소학교구(小学校区) 단위로 조직되어 있으며, 사업의 실시, 정보교환 등 시의 파이프로서 중요한 역할을 수행하고 있다. 이러한 지구회의 하위에는 약 1300개의 정내회·자치회가 있다.

정내회·자치회는 정내(町内), 지역, 단지 등을 기반으로 결성되어 있으며, 그 지역을 적당한 구역으로 구분하여 자주적인 활동을 수행하고 있다.

이러한 미토시의 주민조직의 계층구조를 보면 다음과 같다.

〈그림 6〉 미토시의 자치회·정내회 구조

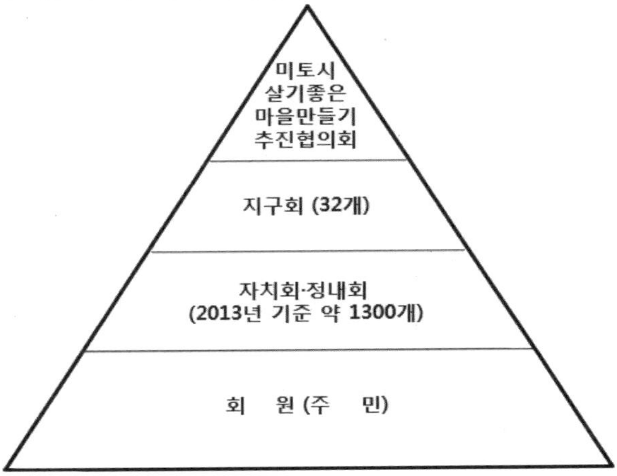

출처 : 미토시 홈페이지 -町内会加入のしおり
(http://www.city.mito.lg.jp/000271/000273/000284/000334/p000872.html)

2) 미토시 살기좋은 마을만들기 추진협의회

「살기좋은 마을만들기 추진협의회」는 32개 지구회 대표에 의해 구성되는 최상위 자치회 조직이라 할 수 있다. 이들 지구회는 소학교구를 단위로 32개가 있으며, 지역주민을 구성원으로 하는 약 1,300개의 최하 단위의 정내회·자치회(이하 자치회라 함)로 구성된다.

3) 지구회

미토시의 지구회는 32개로 미토시와 자치회를 연계하는 중간적 주민조직이라 할 수 있다.

〈표 30〉 미토시의 지구회 (地区会) 목록

소학교구명	지구회 명	소학교구명	지구회 명
산노마루 (三の丸)	산노마루 자치커뮤니티 연합회 (三の丸自治コミュニティ連合会)	카와와다 (河和田)	풍족한 카와와다를 만드는 회 (ゆたかな河和田をつくる会)
고켄 (五軒)	파이브타운 커뮤니티 (ふぁいぶたうんコミュニティ)	가미나카즈마 (上中妻)	가미나카즈마 지구 주민의 회 (上中妻地区住民の会)
신소 (新荘)	살기 좋은 마을만들기 신소 회 (住みよいまちづくり新荘会)	야마네 (山根)	야마네 자치연합회 (山根自治連合会)
죠토 (城東)	죠토 지구 자치단체연합회 (城東地区自治団体連合会)	미가와 (見川)	살기 좋은 미가와를 만드는 회 (住みよい見川をつくる会)
하마다 (浜田)	살기 좋은 하마다를 만드는 회 (住みよい浜田をつくる会)	센바 (千波)	고향 센바를 만드는 협의회 (故郷千波を創る協議会)
토키와 (常磐)	랜드 토키와의 회 (ランド常磐の会)	우메가오카 (梅が丘)	우메가오카 지구연합회 (梅が丘地区連合会)
미도리오카 (緑岡)	미도리오카주민의 회 (緑岡住民の会)	후타바다이 (双葉台)	후타바다이 지구 주민의 회 (双葉台地区住民の会)
고토부키 (寿)	고토부키지구 자치연합단체 (寿地区自治連合団体)	카사하라 (笠原)	카사하라 지구 종합자치연합회 (笠原地区総合自治連合会)
카미오오노 (上大野)	살기좋은 카미오오노를 만드는 회 (住みよい上大野をつくる会)	아카츠카 (赤塚)	고향 아카츠카를 만드는 회 (ふるさと赤塚をつくる会)
야나카와 (柳河)	야나카와 자치주민의 회 (柳河自治住民の会)	요시자와 (吉沢)	요시자와 지구 자치연합회 (吉沢地区自治連合会)
와타리 (渡里)	와타리 주민의 회 (渡里住民の会)	호리하라 (堀原)	호리하라 지구 주민의 회 (堀原地区住民の会)
요시다 (吉田)	요시다 지구 자치실천회 (吉田地区自治実践会)	시모오오노 (下大野)	살기 좋은 시모오오노를 만드는 회 (住みよい下大野をつくる会)
사카도 (酒門)	고향 사카도를 만드는 회 (ふるさと酒門をつくる会)	이나리 제1 (稲荷第一)	이나리 제1지구 마을만들기 회 (稲荷第一地区まちづくり会)
이시카와	이시카와 지구 커뮤니티	이나리 제2	생기있는 커뮤니티 이나리 제2

(石川)	연결협의회 (石川地区コミュニティ連絡協議会)	(稲荷第二)	(いきいきコミュニティ稲荷第二)
이토미 (飯富)	이토미 자치실천회 (飯富自治実践会)	오오바 (大場)	상쾌한 오오바를 만드는 회 (さわやか大場をつくる会)
쿠니타 (国田)	쿠니타지구 자치실천회 (国田地区自治実践会)	우치하라 (内原)	우치하라 지역 자치연합회 (内原地域自治連合会)

출처 : 미토시 홈페이지, 미토시 살기좋은 마을만들기 추진협의회에 관하여; 첨부파일-지구회 (http:///www.city.mito.lg.jp/000271/000273/000284/000334/p000861.html)

자치회의 상위에 있는 지구회는 자치회 뿐만 아니라, 사회복지협의회 지구지부, 지구여성회, 민생아동위원협의회, 부인방화클럽 등 다양한 단체가 그 멤버로 구성되어 있으며, 행정과 관련한 각종 단체들 또한 그 멤버로 가입해 있을 뿐만 아니라, 지역에 입지해 있기 때문에 자치회의 의견과 건의사항을 실제 행정시책에 세심하게 반영시키는 것이 가능하다. 사례지역인 토키와(常磐) 지구의 경우 총인구 12,243명 (6,084 세대) 가운데 정내회에 가입한 세대는 4,747세대로 그 가입률이 78.02%에 이르고 있다 (명칭 : 미토시 랜드 토키와의 회(ランド常磐の会), 2013).[27)]

4) 자치회

미토시의 단위 자치회는 소학교구(小学校区) 단위로 구성되는 지구 내에 있는 주민자치조직으로, 이들은 고령화율이 높은 지역, 상업지역, 농촌지역 등 각 마을과 지역이 지닌 특성에 따라 다양한 활동을 하고 있으며, 지역 사안에 관한 주민총의를 확보하는 기능을 한다.

단위 자치회의 경우 대개 회장이 그 운영을 도맡아 관리하며, 자치

27) 미토시 랜드 토키와의 회(水戸市ランド常磐の会), 미토시 토키와 시민센터 - 미토시 토키와 지구 방문자료

회의 회장을 선출하는 방식은 각 자치회에 따라 각기 다른 양상을 보이나 일반적으로 추천 혹은 이웃에서 이웃으로 돌아가며 하는 방식을 취하고 있다. 한편, 각 지역의 반장(班長)은 회장의 지시에 따라 당해 반의 연결 및 총괄을 수행하며, 반 내에서 발생하는 문제에 관하여 제언하고 지시를 내린다. 이러한 단위 자치회의 구성 및 조직구성은 다음과 같다.

〈그림 7〉 미토시 자치회의 구성

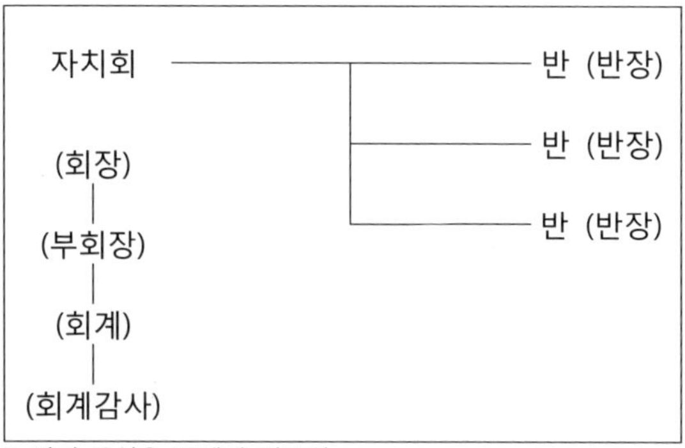

※ 반의 구성은 10세대 정도임

5) 규약

자치회는 그 활동의 근거가 되는 규약을 가져야 한다. 미토시의 단위 자치회인 마츠가오카 1정목 북 정내회(松が丘1丁目北町内会)와 지구 단위 자치회인 랜드 토키와의 회 (ランド常磐の会)의 규약을 살펴보면 다음과 같다.

〈표 31〉 마츠가오카 1정목 북 정내회 (松が丘1丁目北町内会) 규약

마츠가오카 1정목 북 정내회 규약	
제1조 (명칭)	이 정내회는 마츠가오카 1정목 북 정내회라 하며, 사무소를 회장의 자택에 둔다.
제2조 (지역범위)	이 정내회는 다음의 지역에 거주하는 세대로 구성된다. 마츠가오카 1정복 1번지·2번지 중 일정의 구획 경계는 없음. 단, 구획에 대해서는 개변하는 경우도 있음
제3조 (목적)	건강하고 문화적인 생활환경을 갖추는 것이다. 1. 방범등을 설치·관리하는 일을 수행한다 2. 공동모금 등, 각 세대의 기부금을 대행한다. 3. 도로 등 주민환경의 개선을 위해 노력한다. 4. 그 외
제4조 (기관)	1. 총회 : 총회는 최고결의기관이며, 역원회가 필요로 인정하였을 때 개최하며, 전회 원을 출석대상으로 한다. 2. 임원회 : 임원회는 회장·부회장에 의해 구성되며, 회장이 필요하다고 인정한 경우에 개최한다.
제5조 (임원)	-이 정내회에 다음의 임원을 둔다. -회장 1명, 부회장 약간명, 회계 1명, 회계감사 1명
제6조 (회계)	-이 정내회의 경비는 회비·보조금을 통해 조달한다. -회비는 한 세대 당 년 4,000엔으로 하고, 6개월 마다 징수한다.
제7조 (개정)	이 회칙은 총회에서 출석자의 2/3 이상의 찬성을 얻지 않으면 개정할 수 없다.

출처: 미토시 랜드 토키와의 회 내부자료(2013)

〈표 32〉 미토시 랜드 토키와의 회 (ランド常磐の会) 회칙

미토시 랜드 토키와의 회 회칙	
제1조 (명칭 및 사무소)	이 회는 미토시 랜드 토키와의 회라 칭하며, 사무소를 미토시 토키와 시민센터 내에 둔다.
제2조 (목적)	이 회는 미토시민헌장의 추진, 지구내 상호 간의 연결조정, 의견의 교환 및 사업의 계획수립을 수행하며, 풍족하고 윤택한 살기 좋은 마을만들기를 목적으로 한다
제3조 (조직)	이 회는 자치회, 정내회 등 (이하 「자치회」라 함) 및 각종 단체로 조직된다 2. 각종 단체는 내규에 따른다
제4조 (사업)	이 회는 제2조의 목적을 달성하기 위해서 다음과 같은 사업을 수행한다 (1) 회원 상호의 친밀 및 연결조정에 관한 것 (2) 사업의 기획입안에 관한 것

	(3) 각종 관계기관과의 연결조정에 관한 것 (4) 행정 등의 위탁업무에 관한 것 (5) 그 외에 이 회의 목적달성에 필요한 사항
제5조 (임원·이사)	이 회에는 다음과 같은 임원 및 이사를 둔다 (1) 회　　장 1명 (2) 부 회 장 5명 (3) 사무국장 1명 (4) 상임이사 약간명 (5) 이　　사 약간명 (6) 감　　사 2명
제6조 (임원·이사의 선임)	회장, 부회장, 사무국장, 이사 및 감사는 각종 단체의 장의 호선에 의해 선출되며, 총회에서 결정한다 2. 회장은 이사 중에서 회계 2명을 지명할 수 있다 3. 상임이사 (부회장)은 이사의 호선을 통해 선출한다
제7조 (고문)	이 회는 고문을 둘 수 있다 2. 고문은 회장이 총회의 동의를 얻어 위속한다 3. 고문은 이 회의 중요사항에 대하여 회장의 자문에 응하여, 회의에 출석하여 의견을 제시한다 4. 고문은 다음의 자들 중 추천에 의해 결정된다 (1) 이 회의 회장을 퇴직하였으며, 공로가 있는 자 (2) 학식경험자 (3) 그 외에 이 회를 위해서 수행한 특별한 공로가 있는 자 5. 고문의 임기는 2년으로 한다. 단, 재임을 막지는 않는다
제8조 (임원의 임무)	회장은 이 회를 대표하여 회의 업무를 통일 관리한다 2. 부회장은 회장을 보좌하며, 회장에게 사고가 발생하였을 때는 그 직무를 대리한다 3. 사무국장은 이 회의 사무를 총괄한다 4. 상임이사는 각 부의 기획운영을 담당한다 5. 이사는 이 회의 운영추진을 담당한다 회계이사는 이 회의 회계를 담당한다 6. 감사는 이 회의 회계 및 운영에 관한 감사를 담당한다
제9조 (임원의 임기)	임원의 임기는 2년으로 한다. 단, 재임을 막지는 않는다 2. 보결에 의해 선출된 역원의 임기는 전임자의 잔여 임기기간으로 정한다
제10조 (회의)	이 회의 회의는 총회, 이사회 및 역원회로 한다 2. 회의의 의장은 회장이 맡는다. 단, 필요에 따라 회장은 별도로 의장을 지명할 수 있다
제11조 (총회)	총회는 각종 단체의 역원으로 구성되며, 연 1회 회장이 소집한다 2. 회장이 필요하다고 인정할 때는 임시로 총회를 소집할 수 있다 3. 총회는 최고의결기관으로서 다음의 사항을 의결한다 (1) 사업계획 및 사업보고에 관한 것 (2) 예산 및 결신에 관한 것 (3) 회칙 등의 개폐에 관한 것

	(4) 역원의 승인에 관한 것 (5) 그 외 중요한 사항에 관한 것
제12조 (이사회)	이사회는 필요에 따라 회장이 소집한다. 이사회에 부의할 수 있는 사항은 다음과 같다 (1) 총회에 부의해야 할 사항 (2) 이 회의 운영에 관한 사항 (3) 규정, 요항 등의 설치 및 개폐에 관한 사항 (4) 그 외 중요한 사항
제13조 (임원회)	역원회는 회장, 부회장, 사무국장 및 상임이사로 구성되며, 회의 운영에 관한 사항을 논의한다
제14조 (회의의 의결)	회의는 구성원의 과반수 출석에 의해 성립되며, 의결은 출석자의 과반수 동의로 결정된다. 가부의 숫자가 동일한 경우에는 의장의 결정에 따른다
제15조 (전문부 등)	이 회의 사업을 원만하게 실시하기 위해서 다음과 같은 전문부를 둔다 (1)「총무홍보부」: 회(会)의 운영, 재정, 기획, 홍보, 시민헌장운동의 추진 및 다른 부에 속하지 않는 일 (2)「자치부」: 자치부(정내회) 활동의 추진, 연결조정 및 행정 등의 위탁업무에 관한 일 (3)「스포츠 레크리에이션 부」: 스포츠 레크리에이션에 관한 일 (4)「생활환경부」: 공해방지 (쓰레기 대상), 청소활동, 녹화추진 (꽃이 가득 운동, 花いっぱい運動) 및 도시의 정비에 관한 일 (5)「복지후생부」: 사회복지, 교통안전, 방범, 방재 및 청소년 건전육성에 관한 일 (6)「생애학습부」: 생애학습추진에 관한 일 2. 전문부에는 부장 및 부부장을 두고, 그 부장은 역원이 담당한다. 부부장은 부원의 호선에 의해 선출한다 3. 제1항에서 언급한 전문부 외에 필요에 따라 위원회를 둘 수 있다. 그 경우, 제2항을 준용하여, 부장을 위원장으로, 부부장을 부위원장으로 바꿔서 칭한다
제16조 (회계)	이 회의 경비는 시보조금 및 그 외의 수입으로 충당한다 2. 이 회의 회계년도는 매년 4월 1일에 시작하여 다음해 3월 31일에 종료한다
미토시 랜드 토키와의 회 회칙 내규	회칙 제3조에서 규정하는 관련의 각종 단체는 다음과 같다 (1) 토키와 지구 자치연합회 (2) 미토시 사회복지협의회 토키와 지부 (3) 토키와 지구 고령자 클럽 연합회 (4) 미토시 토키와 여성회 (5) 토키와 학구 어린이회 육성연합회 (6) 미토시립 토키와 소학교 PTA (7) 미토시립 토키와 유치원 PTA (8) 토키와 지구 사회체육진흥회 (9) 미토시 체육지도위원 (10) 민생아동위원 협의회 (토키와 지구) (11) 미토시 부인 방화 클럽 토키와 지부

(12) 미토시 보건추진위 연결협의회 토키와 지부
(13) 미토시 식생활개선추진위원회
(14) 코분 컬리지 (好文カレッジ) 토키와 추진위원회
(15) 교통안전 패트롤
(16) 미토 1 중학교구 청소년 육성회
(17) 토키와 만남의 전화의 모임

출처: 미토시 랜드 토키와의 회 내부자료(2013)

나. 운영

1) 활동

미토시 살기 좋은 마을 만들기 추진협의회는 미토시 시민헌장에 의거하여 복지와 문화, 그리고 생활환경의 향상을 꾀하며, 이들의 궁극적인 목표인 살기 좋은 마을 만들기를 행정기관과 함께 추진하는 것을 달성하기 위해 활동하고 있다. 협의회의 주요활동으로는 시민간담회를 개최하여 시민들의 의견을 청취하는 등 행정과 주민들 간의 연결 조정을 수행하고, 시민운동회, 경로회, 화단 콩쿠르 등의 행사를 행정과 협동하여 실시하는 것 등이다.

〈그림 8〉 미토 코몬 축제

또한 쓰레기 집하소의 관리운영, 도로와 공원의 청소, 클린 작전 등 행정기관과 연대를 통해 환경미화운동을 추진하고 있으며 그 외에도 지역리더 연수회, 미토 코몬[28] 카니발 in

28) 에도 시대 2대 미토 번주이자 유학자였던 도쿠가와 미쓰쿠니 (德川光圀)의 별칭으

MITO 등 다양한 사업을 수행하고 있다.

한편, 미토시의 자치회에서는 쾌적하고 안전한 살기 좋은 마을을 만들기 위해 지역의 특성을 살린 각각의 활동과 지역 공통의 활동을 수행하고 있다. 이러한 지역특성사업 및 지역공통사업은 다음과 같다.

〈표 33〉 자치회의 주요사업 내용

구분	사업내용
지역 특성사업	친목회 (신년회, 망년회, 여행회 등), 여름 축제 등의 개최, 연수회 (시설견학, 요리교실 등의 학습회 등), 교통안전활동, 기관지의 발행 (회보지 작성), 경조사의 협력, 자주방재조직의 설립 및 운영 등, 복지활동 등 (노쇠하거나 질병을 앓는 노인 및 독거노인을 지역 차원에서 지원하는 복지활동의 수행을 시작한 정내회·자치회도 있음)
지역 공통사업	시민헌장운동의 추진, 시의 홍보지 및 각종 문서 등의 배포, 각종 모금의 정리, 시민간담회에의 참가협력, 환경미화운동이나 자원회수운동의 전개, 시민운동회에의 참가협력, 방범등의 설치 및 유지관리, 사회복지협의회 지부활동에의 협력, 쓰레기집하소의 설치 및 유지관리

출처 : 출처: 미토시 홈페이지 -町内会加入のしおり
(http://www.city.mito.lg.jp/000271/000273/000284/000334/p000872.html)

그리고 자치회에서는 시민운동회나 마음나누기 축제 (ふれあい祭り), 여름축제, 지구방재훈련, 클린 작전, 향토문학강좌 등과 같은 자주사업 및 시와의 연대사업을 수행하고 있다. 사례지역인 마츠가오카 1정목 북 정내회 및 랜드 토키와의 회에서 수행하고 있는 주요 사업의 내용은 다음과 같다.

로 사후 가부키와 만담, 전기 등을 통해서 민간 전승과 전설이 더해짐에 따라 대중적인 인기를 얻었으며, 현대에도 드라마, 영화 등 각종 매체의 소재가 되었음

〈그림 9〉 산노마루 마음나누기 축제

〈표 34〉 마츠가오카 1정목 북 정내회의 주요사업

1. 정내 쓰레기 집하소 (2개소)의 관리 및 청소
2. 구역 내 전주 등에의 위법 전단지, 포스터의 철거
3. 구역 내 쓰레기 불법투기의 감시와 통보
4. 정내회지 내 도로·공터 등의 청소 (잡초제거를 포함)
5. 방범등의 관리 (점멸의 확인 → 수리·형광등 교환의 의뢰)
6. 새 방범등의 설치
7. 방범등의 LED화의 추진 (현재 형광등)
8. 어린이의 건전한 육성을 위하여 각 단체에의 회비·보조금의 집금·납부
9. 복지사업·사회사업 각 단체에의 회비·기부금·찬조금의 집금·납부
10. 정내회원 상호간에 지켜봐주기 (신문, 세탁물 등의 이상을 파악한 경우의 대책)
11. 어린이들의 안전을 지켜봐 주는 활동 (등하교시·놀고 있을 때)
12. 도로의 함몰·도로 배수로 덮개의 파손의 점검과 관계기관에의 통보
13. 환경의 미화를 해치는 것에 대한 대응
14. 정내회연수회의 실시 (나야나 사기 대책·구급구명훈련 등)
15. 랜드 토키와의 회에서 실시하는 각 사업에의 참가
16. 그 외 (일상시 발생하는 다양한 일에의 대응)

출처: 미토시 랜드 토키와의 회 내부자료(2013)

〈표 35〉 랜드 토키와의 회 2012년도 사업내용

분야	사업내용
방재관계	1. 방재연수회의 개최 (6회) 2. 방재 포럼의 개최 3. 방재훈련의 실시 4. 재해시 식사 공급 훈련의 실시 (2회) 5. 지구 내에 트랜시버 16대 배치 6. 발전기 11대의 지구 내 배치 (사용연수회 3회) 7. 트랜시버 사용연수회 (매월 2회) 8. 랜드 토키와 방재·방범 맵 배포 (6,000부) - A2판·양면·컬러 인쇄 ※ 피난소·어린이의 안전을 지키는 집·병원·트랜시버 배치개소· 발전기 배치개소·재해용 우물의 위치·우편국·소중,대학교·고령자시설·시민 센터 등 게재 9. 안전 마이맵 작성·배포 ※ 소·중학생 전원 대상 10. 방재 카드의 작성·배포 ※ 1세대당 8매 11. 방재의식조사 앙케이트의 실시 ※ 지구 내 전세대 대상 12. 재해 대비 원호자의 조사 및 등록 ※지구 내 전세대 대상 13. 「토키와 방재 넷」(홍보지) 발행 = 6,000부 14. 소위원회의 설치 ① 트랜시버 소위원회 ② 방재 맵 소위원회 ③ 방재 카드 소위원회 ④ 홍보위원회소위원회 ⑤ 피난소운영소위원회
복지관계	1. 토키와 지구 경로회의 개최 2. 토키와 만남 교류회 (식사·공연·간담) ※ 독거 고령자 대상 (년 3회) 3. 만남 전화 ※ 독거 고령자와 전화를 통해 다양한 이야기를 나눔 (매주 2회) 4. 토키와 어린이 살롱의 개설 5. 토키와 고령자 살롱의 개설 6. 미토시 안심·안전 지켜보기 대원의 권유 (현재 233명)
스포츠, 레크리에이션 사업	1. 춘계 아버지 소프트볼 대회 2. 어린이회 친선 구기대회 3. 토키와 여름 축제 4. 미토시민 체육제 토키와 지구 시민운동회 5. 추계 아버지 소프트볼 대회 6. 토키와 봄 축제 7. 랜드 토키와의 회 연수여행 8. 랜드 토키와의 회 일일 버스 연수

문화, 생애학습	1. 토키와 촌의 역사와 전문(伝聞)의 성문화와 보급 ① 기억으로부터 기록으로 청취 조사 ② 신사·사원 등의 유서를 바탕으로 주변 지역의 역사 탐색 ③ 고지도와 현재의 지도를 비교하여 그 토지의 발전과정을 탐색 ④ 고문서의 발견 ⑤ 역사적 민족유산의 발견 2. 토키와 노인대학의 개설강의와 이동학습 (년 5회) 3. 향토문학강좌 4. 도자기 빚기 교실 5. 미술관 견학 6. 토키와 역사 산보
학교와의 제휴사업	1. 급식체험회 (매월 1회 20명의 지역주민이 토키와 소학교의 급식을 체험함) 2. 공동방재훈련의 실시 3. 고령자 클럽과의 교류 (옛날 놀이 등을 통해 다세대 교류를 꾀함) 4. 잇폰마츠 만남의 모임 ※ 토키와소학교 아동과 토키와 시민 센터 교실·클럽과의 교류 5. 학교행사에의 참가 (운동회·입학식·졸업식·각종행사·위원회)
방범사업	1. 방범 패트롤의 실시 2. 토키와 소아동과의 대면식 (매학기 당초) 3. 등하교시의 지켜봐 주기 작업 4. 범죄발생시의 주지사항에 대한 홍보 5. 도서관의 지켜봐 주기 작업
환경문제	1. 토키와 지구 일제청소의 실시 (클린 작전) 2. 나카가와 강 클린 작전에의 참가 3. 시민 센터 청소 (매월 1회) 4. 시민 센터 연말 대청소 (년말) 5. 화묘 옮겨 심기
회의 등	1. 총회 2. 이사회 3. 정내회장 회의 4. 각 전문부회 ※ 총무홍보, 자치, 스포츠 레크리에이션, 생활환경, 복지후생, 생애학습 5. 각 실행위원회 (프로젝트 팀) 6. 각 행사 기획위원회 7. 각 행사 실행위원회
홍보	1. 「랜드 토키와」(홍보지)의 발행 (년 3회) 2. 「토키와○○넷」(홍보지)의 발행 (주 1회 정도) 3. 라디오 출연

출처: 미토시 랜드 토키와의 회 내부자료(2013)

2) 운영

미토시 살기좋은 마을만들기 추진협의회의 2013년 당초예산은 83,405,000엔이다. 이 가운데 추진협의회에 대한 보조금은 32,046,000엔이며, 추진협의회에 대한 광고 및 홍보 위탁료는 48,000,000엔으로 책정되어 있다. 미토시에서는 이 예산으로 협의회의 사무국장 1명 및 사무직원 3명에 대한 인건비를 지급하도록 지원하고 있고, 그 외에도 화단 콩쿠르, 꽃 그림 콩쿠르, 화묘배포사업(花苗配布事業), 그리고 시민모임과 같이 다양한 사업을 전개하고 있다.

미토시 내에 입지한 지구 단위 자치회들의 당초예산은 100만엔에서 500만엔 사이이며, 집행은 100만엔 이상 500만엔 이하 선에서 수행되고 있다. 정부예산 외에 단위 자치회에서는 회원들로부터 회비를 모금하여 회의 운영 및 지역 문제를 해결하는데 집행한다. 이와 관련하여 미토시 살기좋은 마을만들기 추진협의회에서 발간한 '정내회·자치회 등 운영의 첫걸음(町内会·自治会等運営の手引き)'에 따르면, 회원은 회비를 부담하는 것을 원칙으로 하고, 회비의 액수에 관해서는 각각의 회가 목적으로 하는 사업이나 활동 및 운영에 필요한 경비를 한도로 정해야 하며 그 액수는 일정하지 않다고 하였다. 또한 회비의 부담액은 지역 내에 있어서 회원의 평등성이라는 점을 고려하여 균등할이 되도록 하는 것이 타당하다고 보고 있다.

지구 단위 자치회의 활동과 관련하여 미토시로부터 지원받는 보조금 가운데 대표적인 것으로는 방범등의 보조 및 집단자원물 회수에 관한 보상이 있다. 우선 범죄의 방지와 통행의 안전을 확보하는 것을 목적으로 실시하는 방범등의 설치 및 교환에 필요한 비용 및 유지관리에 대한 보조금을 교부받고 있다. 이러한 보조의 대상은 방범등의 설치 등을 수행하거나, 관리하고 있는 자치회가 해당한다. 이러한 방범등에 관한 보조의 상세는 다음과 같다.

〈표 36〉 미토시의 보조금 개요

	설치 등 보조금	관리보조금
보조내용	방범등 1기의 설치에 필요한 비용 (철거비용은 제외)의 1/2를 지급하되, 한도액은 30,000엔이다.	자치회 등이 매년도 4월 1일 기준으로 유지관리하고 있는 방범등 1기 당 1년에 1,000엔씩 보조한다.
신청방법	방범등설치 등 보조금교부신청서 및 청구서에 필요사정을 기입한 후, 「① 시공업자의 공사비내역서와 영수증을 복사하여, ② 설치개소의 위치도, ③ 계좌입금의 경우는 예금통장 사본」을 첨부하여 제출해야 한다.	방범등 관리보조금 신청서 및 청구서에 필요사정을 기입한 후, 「① 신청년도의 4월 1일 사용분이 포함되어 있는 전기요금 영수증 사본, ② 설치개소의 위치도, ③ 계좌입금의 경우는 예금통장 사본」을 첨부하여 제출해야 한다.
신청기간	공사완료 후 1년 이내	당해년도 내
신청장소	지역안전과, 각출장소 및 각 시민 센터	

출처 : 水戸市住みよいまちづくり推進協議会(2013), 町内会·自治会等運営の手引き (http://www.city.mito.lg.jp/000271/000273/000284/000334/p000861.html)

둘째, 집단자원물 회수에 관한 보상의 경우, 종이, 천, 캔, 병, 자동차, 페트병 등을 자원으로서 회수·재이용함으로써, 쓰레기의 감소를 꾀하는 일에 대한 보조를 받는 것이다. 이는 원칙적으로 연 6회 이상 실시할 때에 그 회수량에 대응하여, 자치회, 어린이회 등 회수협력에 동의한 단체에 대하여 자원물 회수 중량 1kg당 10엔 (전 품목대상)의 보상금을 지급받고 있다. 이러한 주민조직의 커뮤니티 활동을 통해 연대감을 높임과 동시에 청결하고 아름다운 마을 만들기를 목표로 삼고 있다.

미토시 내의 단위 자치회인 마츠가오카 1정목 북 정내회와 지구 단위 자치회인 미토시 랜드 토키와의 회의 예산 내역을 살펴보면 다음과 같다.

〈표 37〉 미토시 마츠가오카 1정목 북 정내회 수지결산서

수입 부문(단위 : 엔)		
비 목	예 산	결 산
정내회비	104,000	104,000
방범등관리보조금	11,000	11,000
합 계	115,000	115,000

지출 부문(단위 : 엔)		
비 목	예 산	결 산
전기요금	27,000	28,897
방범등 설비 수리비	10,000	4,000
방범등 불량 교환	6,000	6,000
토키와 자치연합회 분담금	2,600	2,800
소모품·잡비	3,000	2,480
지구행사부담금	5,000	5,000
미토시 사회복지협의회 회비	13,000	13,000
일본 적십자 기부금	13,000	13,000
공동모금	13,000	13,000
세말 도움 (歳末たすけあい) 모금	7,800	7,800
소방 제5분단 협찬금	3,000	3,000
미토 1 중학교 청소년 육성회 회비	3,900	3,900
마츠가오카 어린이회 협찬금	5,000	5,000
합 계	112,300	107,877

수입 112,300엔, 지출 107,877엔, 잔고 4,423엔(잔고는 조월금(繰越金)에 편성됨)

※ 회원수 26명
※ 회비 연 4,000엔 (6개월 2,000엔씩 납부)
출처: 미토시 랜드 토키와의 회 내부자료(2013)

〈표 38〉 2013년도 랜드 토키와의 회 수지예산서 (안)

< 수입 (단위 : 엔) >

과 목	예산액	전년도예산액	비교증감	비고
보조금	1,312,510	1,321,520	△9,010	
지구회의 운영 및 활동사업보조금	615,510	725,520	△110,010	
방재보조금	100,000	100,000		
지역활동추진사업 보조금	200,000	200,000		
시민운동회 보조금	297,000	296,000	1,000	
자치련에 의한 조성금	100,000	0	100,000	
위탁료	2,716,250	2,823,400	△107,150	
행정사무 위탁료	2,716,250	2,823,400	△107,150	
조입금(操入金)	190,000	190,000		
운동회 부담금 조입	164,000	164,000		
주협지구 부담금 조입	26,000	26,000		
조월금(繰越金)	207,671	140,039	67,632	
전년도로부터의 조월금	207,671	140,039	67,632	
잡수입	1,569	1,041	528	
잡수입	1,569	1,041	528	
계	4,428,000	4,476,000	△48,000	

< 지출 (단위 : 엔) >

과 목	예산액	전년도예산액	비교증감	비고
총무홍보부	180,000	170,000	10,000	
회의비	30,000	30,000		
사무비	90,000	80,000	10,000	
홍보비	20,000	20,000		
연수비	40,000	40,000		
자치부	272,700	280,400	△7,700	
정내회비	242,700	250,400	△7,700	
연수비	30,000	30,000		
스포츠·레크리에이션 부	540,000	540,000		
여름 축제 사업비	30,000	30,000		
시민운동회	460,000	460,900		

체육진흥비	10,000	10,000	
여름 축제 사업비	30,000	30,000	
고령자 스포츠비	10,000	10,000	
생활환경부	105,000	95,000	10,000
쓰레기감량 추진비	55,000	55,000	
꽃이 가득 운동비 (花いっぱい運動費)	30,000	20,000	10,000
지구청소비	10,000	10,000	
나카가와 강 클린 작전	5,000	5,000	
그 외의 생활환경비	5,000	5,000	
복지후생부	170,000	155,000	15,000
방재비	140,000	125,000	15,000
복지사업비	10,000	10,000	
토키와 소학교 PTA 사업비	10,000	10,000	
그 외의 복지후생사업비	10,000	10,000	
생애학습부	200,000	200,000	
생애학습추진비	200,000	200,000	
위탁료	2,716,250	2,823,400	△107,150
홍보배포위탁료	2,716,250	2,823,400	△107,150
상조비	10,000	1,000	
부담금	78,270	79,540	△1,270
예비비	155,780	122,660	33,120
계	4,428,000	4,476,000	△48,000

출처: 미토시 랜드 토키와의 회 내부자료(2013)

자치회의 향후과제

1. 주요과제

앞서 사례분석을 통하여 자치회의 운영을 살펴보았지만, 오늘날 자치회의 운영은 일본경제성장기에 파생된 다양한 사회적 문제와의 연관성 등으로 인하여 다양한 문제점, 즉 향후에 지속적으로 해결을 모색해 나가야 할 과제들을 안고 있다. 과제는 여러 가지 측면에서 제기될 수 있겠지만, 현실적으로 가장 시급하다고 고려되는 참여자 측면의 문제(관심의 결여), 운영자 측면의 문제(고령화, 젊은 층의 참여 부족), 그리고 지원자 측면의 문제(행정협력관계의 부담)를 중심으로 살펴보고자 한다.

가. 참여자 측면 : 관심의 결여

가장 큰 문제는 참여자 측면에서 정내회 활동에 대한 관심의 결여 정도가 높아지고 있다는 점이다. 앞서 지적한 바와 같이 경제성장기 동

안 파생된 도시화, 핵가족화, 개인주의의 확대 등은 이웃과의 왕래를 지속적으로 떨어뜨리고 있다. 내각부의 조사결과(아래 그림 참조)에서도 알 수 있듯이 이웃과의 왕래빈도는 해가 갈수록 급격히 떨어지고 있는 것이 현재 일본의 실정이다.

〈그림 10〉 일본의 근린관계에 대한 인식변화

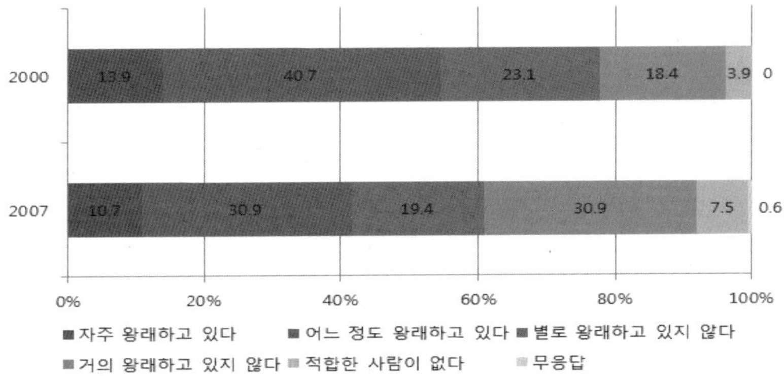

출처 : (平成19年版)国民生活白書, 内閣府의 내용을 재구성
(http://www5.cao.go.jp/seikatsu/whitepaper/h19/01_honpen/html/07sh020103.html)

지역 내 이처럼 왕래가 줄고 연계성이 약화된 원인이 무엇인가 하는데 대한 조사결과를 보면 '사람들의 지역에 대한 친근감 희박화', '인근 사람들과의 친교를 심화시키는 기회부족', '타인의 관여를 원치 않는 사람의 증가' 등이 높은 비율을 차지하여 개인주의적 행태가 가장 큰 원인이 됨을 보여준다.

〈그림 11〉 지역내 연계가 약한 이유

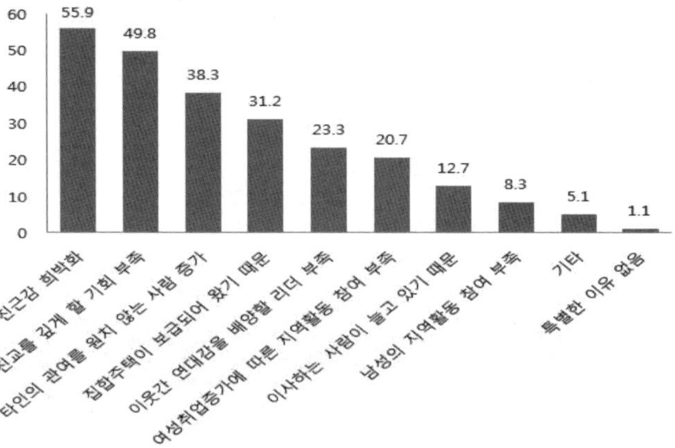

출처 : (平成19年版)国民生活白書, 内閣府
http://www5.cao.go.jp/seikatsu/whitepaper/h19/01_honpen/html/07sh020103.html

앞서 사례에서 살펴본 바 있는 카와사키시 역시 이러한 환경적 측면의 요인에 대해 예외적이지 않다. 카와사키시 타카쓰 구(高津区)를 대상으로 한 조사연구에서도 정내회/자치회 대표들이 느끼는 참여자(주민)들의 가장 문제점으로 “자치회에 대한 주민의 관심이 낮다”, “활동참가자가 적다”, “미가입자세대가 많다”는 응답이 수위를 점하고 있는 것이 그 예이다. 이와 함께 “신구주민의 교류를 도모하기 어렵다”, “집합주택과의 교류를 도모하기 어렵다”는 응답 역시 다수를 차지하는데, 도시화, 개인화에 따른 다양한 형태의 사회적 단절현상이 정내회 참여자 문제에도 그대로 반영되고 있음을 확인할 수 있게 해준다.

〈그림 12〉 정내회/자치회 대표자가 느끼는 주민의 문제점

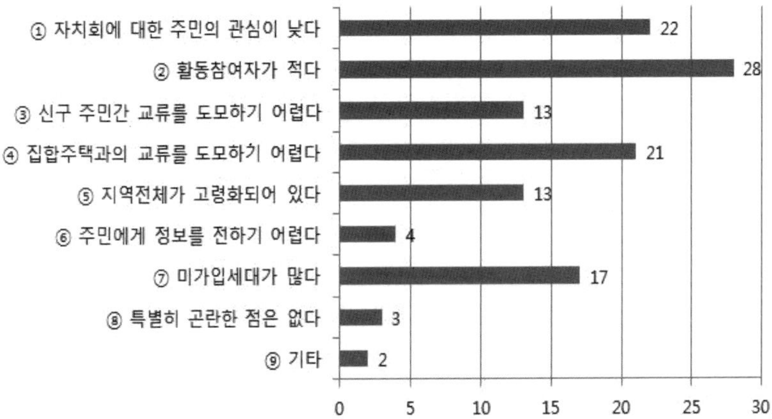

주 : 카와사키시 高津区 정내회, 자치회 대표자를 대상으로 '주민에 대하여 느끼는 과제'란 질문에 응답한 사항임(복수답변 가능)

출처 : 伊藤雅春(2005), 町内会·自治会活性化の課題 : 大都市周辺部の町内会·自治会のアンケート調査から, コミュニティ政策学部紀要(愛知学泉大学) 第8号. p.14.

한편 이러한 참여문제의 상황 속에서도 전세대 가입률 100%의 자치회도 있다. 아래 참고자료로 제시하는 타치가와시 오오야마자치회의 특징적 운영방식은 참여문제에 대한 성공적 사례로서 우리에게도 시사하는 바가 클 것이다.

<참고> 타치가와(立川)시 오오야마(大山)자치회

도쿄도 타치가와시의 오오야마자치회는 가입률 100%의 자치회이다. 자치회 가입률이 점차 줄어들고 있는 상황에서 100% 가입률은 일본에서도 놀라운 일이 아닐 수 없다. 여기에는 자치회 운영상 오오야마자치회 나름의 특징적 측면이 기여한 것으로 평가받고 있다.

(1) 우선 구성적인 측면에서 보면 연령별로 임원을 구성하여 조직화하였으며(매월 임원회의 개최), 기구 역시 참여촉진을 위하여 체육부, 문화부, 교통안전대책부, 방재방범부, 생활환경부 등 주민이 관심을 가지고 참여의지가 높은 전

문부서를 설치·운영하고 있다. 그리고 앞서 지적한 바와 같이 자치회 임원에 젊은 층을 참여시키고, 내용에 따라서는 중학생, 고등학생도 참여토록 하고 있다. 일부 이벤트의 경우 청소년들이 실행위원 등으로 적극 활동하고 있다.
(2) 자치회는 또한 지역 내 주민의 전문성과 자원봉사성을 활용하여 특색있는 자체사업을 시행하고 있다. 예컨대 '6개 국어 통역', '주민장례지원 자원봉사조직 결성', '지역운동회 개최' 등은 물론, 이웃과의 연계를 통하여 고독사 등의 사회문제에도 적극 대처하고 있다. 이를 위해 비상시에 대비하여 전 주민의 가족구성과 연락처를 자치회 명부에 등록하고 있다. 특히 고령자(65세 이상) 명부에는 만일의 경우를 대비하여 연락처 등록하고, 독거자의 경우 가족연락처 등을 관리하고 있다. 또한 적극적인 주민의 안부확인사업으로 양옆 이웃 2집의 지켜보기 의무화, 전력·수도·가스회사·신문배달 시 안부확인 의뢰 등을 실시하고 있다. 그 결과 매년 4,500명 이상의 고독사가 발생하는 도쿄에서 6년째 고독사 제로라는 성과를 나타내고 있다.

(출처) 福留強, "住民に役立つ自治会づくりを -自治会·町内会の再興と活性化策を考える-", 月刊地域づくり, 平成24年5月. 내용을 재정리

나. 운영자 측면 : 고령화, 젊은 층의 참여 부족

참여자의 관심부족과 함께 문제가 되는 부분이 정내회 운영이 급격히 고령화됨으로써 사업 역시 한계에 직면해 가고 있다는 점이다. 우선 카와사키시 타카쓰 구(高津区)에 대한 이토 마사하루(伊藤雅春)의 조사에서도 자치회 운영의 문제점에 대하여 "담당자의 고령화", "임원을 동일인이 하고 있다"는 점이 가장 우선적으로 지적되었다. 그 다음으로 지적되고 있는 "정보전달과 공유화가 불충분", "회원의 의견이 반영되기 어렵다"라는 지적 역시 앞서의 요인과 무관하지 않은 것 같다.

〈그림 13〉 정내회/자치회 대표자가 느끼는 정내회 운영의 문제점

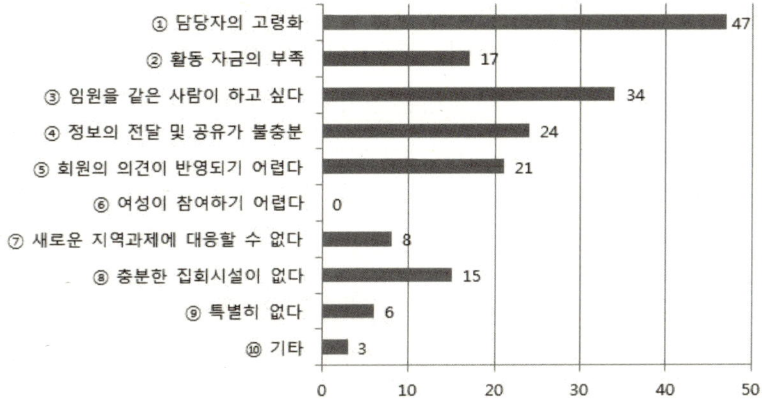

주 : 카와사키시 高津区 정내회, 자치회 대표자를 대상으로 '정내회 운영의 문제점'이란 질문에 응답한 사항임(복수답변 가능)
출처 : 伊藤雅春(2005), 町内会·自治会活性化の課題 : 大都市周辺部の町内会·自治会のアンケート調査から, コミュニティ政策学部紀要(愛知学泉大学) 第8号. p.15.

다음 카와사키시 자체의 전체적인 조사결과에서도 현재 회장의 고령화문제와 젊은 층의 관심부족이 큰 문제로 지적되었다. 카와사키시 시민국의 조사보고서[町内會·自治會アンケート調査報告書, 平成19年3月, 川崎市市民局地域生活部地域生活課] 의하면 정내회 회장 가운데 70대가 전체의 38.2%, 60대가 32.5%로 전체의 70%를 상회하는 반면, 20~40대는 모두 합쳐 7%대의 수준을 보여 향후 운영의 심각성을 보여준다.[29] 이러한 이유 때문에 앞서 참여자 부족의 문제를 해결하기 위하여 모색하는 대안 역시 소극적, 제한적인 입장을 보여준다. 위의 이토 마사하루(伊藤雅春)의 조사항목 중 미가입자에 대한 권유방법에 대하여 "임원이 개

29) 川崎市市民局地域生活部地域生活課, [町内會·自治會アンケート調査報告書], 平成19年3月, p.4.

별적으로 방문한다", "미가입세대에 전단지를 배포하고 있다", "전입자에게 가입안내를 하고 있다"라는 응답이 그러한 예이다.[30)]

이러한 문제는 또 다른 문제를 파생시키기도 한다. 앞서 제기한 바와 같이 임원진의 '고인 물' 현상은 상당수 지역에서 운영의 불투명과 부정의 문제를 촉발시키고 있다는 것이다. 특히 자치회의 회계상 부정의 문제는 단순히 자치회 운영상의 문제일 뿐만 아니라 자치회에 대한 주민불신을 초래하여 궁극적으로 자치회의 존립문제에까지 영향을 미칠 수 있다는 점에서 그 심각성은 더한다. 급기야 총무성은 2009년 하반기 문제의 심각성을 인식하고 자치회 회계부정 방지를 위한 전문가위원회를 발족한 바 있다. 이 문제는 앞서 참여확대를 통한 내부운영개선과 함께 중앙정부의 역할이 요구되는 부분이 있다는 점을 시사해 준다.

<참고> 자치체회계 매뉴얼 작성으로 부정방지

총무성은 11일 자치회와 정내회 등의 회계담당자용 '회계처리매뉴얼'을 작성하기로 방침을 결정하였다. 전국에서 이어지는 자치회비의 사적 유용이나 착복 등의 주정을 방지하기 위함이며, 내년 3월 말까지 총무성 홈페이지에서 공표할 예정이다.
부정의 빈발에 대하여 총무성은 회계담당자가 회비와 사적 경비를 함께 관리한다든지, 주민이 회계사무의 수고를 경원시하여 특정의 임원에게 맡기는 것이 요인이라고 분석하고 있다. 이 때문에 회계의 기본지식이나 회비의 용도에 대한 관심을 높여 교대로 회계와 감사를 담당하며, 영수증이나 통장의 관리, 장부의 기입, 수지보고 등의 절차나 서류의 모델 사례도 소개하는 매뉴얼을 정리하기로 하였다.
총무성은 '돈에 관련된 트러블은 지역활동의 정체를 초래하기 쉽다. 미경험자

30) 伊藤雅春(2005), 町内会·自治会活性化の課題 : 大都市周辺部の町内会·自治会のアンケート調査から, コミュニティ政策学部紀要(愛知学泉大学) 第8号 참조.

도 실천하기 쉬운 매뉴얼이 되었으면 한다'고 하면서, 내용을 검토할 전문가연구회를 12일 발족시켰다.

(출처) 共同通信, 2009.11.11. 기사내용

다. 지원자 측면 : 행정협력관계의 부담

자치회의 운영은 지방자치단체 행정에 있어서도 지역사회의 수요 파악에 도움을 준다는 이점이 있다. 다시 말해 행정과 자치회의 빈번한 접촉은 지역주민과의 일상적 접점·파이프라인의 확보를 가능하게 해 준다는 점에서 행정과 주민 모두에게 유용한 도구가 된다는 것이다.[31] 때문에 카와사키시에서도 행정과 정내회는 다양한 측면에서 업무위탁을 통한 행정협력을 하고 있다. 그러나 자치회 운영이 고령자 위주로 계획되는 점, 적극적 운영전략보다는 소극적 운영전략 등으로 인하여 많은 경우 단순 위탁형 사업에 그치거나 사업자체를 기피하는 경우도 존재한다. 아래 표에서 보는 바와 같이 자치회 회장을 대상으로 한 조사에서 "행정으로부터 정내회, 자치회에 대한 각종 의뢰에 부담감을 느끼는가"란 질문에 대하여 "부담이라고 느끼지 않는다"는 응답(37.4%)보다 "부담이다"라는 응답(47.0%)이 높게 나온 점에서도 그 일단을 확인할 수 있다. 자치회의 이러한 입장은 카와사키시는 물론 여타의 자치회의 경우에 있어서도 행정협력을 확대해 나가려는 측면에서 볼 때 큰 장애요인이 아닐 수 없다.

---

31) 森裕亮, "わが国における自治体行政と地域住民組織(町内会)の現状 ― 行政協力制度を対象に ―", Graduate School of Policy and Management, Doshisha University 참조.

〈그림 14〉 행정의 정내회에 대한 각종 의뢰에 대한 부담정도

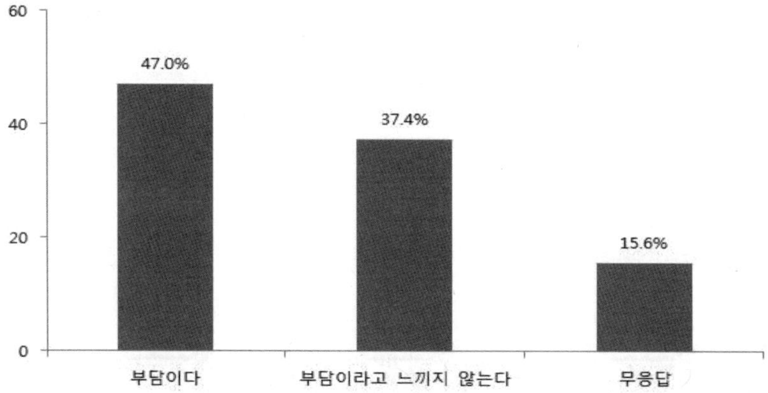

출처 : 川崎市市民局地域生活部地域生活課, [町內會·自治會アンケート調査報告書], 平成19年3月, p.19.

라. 종합적 판단

일본의 자치회는, 비정치적인 성격을 띠고 있고, 소학교구라는 지역사회의 구역을 기반으로 하며, 가입과 퇴출에 있어 반자발적(半自發的)인 특성을 지니고 있지만, 그러나 주민조직으로서 최일선의 위치에서 지역 내 문제를 스스로 해결하는 첨병의 역할을 하고 있다.

그럼에도 불구하고 일본의 자치회의 운영에 관한 과제는 위에서 제시한 바처럼

다양한 조사결과 주민 관심의 결여, 고령화 및 젊은 층의 참여부족, 행정협력관계에 대한 부담으로 밝혀졌다. 그리고 본 책에서 사례로 분석한 카와사키시 및 미토시의 자치회를 분석한 결과, 자치회의 사업과 재정 역량의 한계, 그리고 회원들의 가입률 저조가 과제인 것으로 보인다.

우선 자치회가 지역적 특성에 부합되는 다양한 프로그램들을 수행

하고 추진하고 있지만, 실제로는 기존 프로그램의 운영 및 유지 외에 새로운 사업의 신설이나 추진에 대한 자치회 자체의 노력 및 이에 필요한 예산이 충분하지 않은 것 같다. 이는 지방자치단체로부터 위탁되는 사무(사업)의 양과 제공받는 보조금 및 지원금의 규모가 작은 것은 물론 주민들의 회비를 기반으로 운영되는 자치회의 특성상 재정역량의 한계가 존재하기 때문이라고 볼 수 있다. 이러한 이유 때문에 프로그램이 단순화되어 축제가 중심이 되고, 유사한 사업이 지속적으로 추진되면 결과적으로 주민들이 쉽게 자치회에 동화되지 못하고, 소극적인 참여가 야기되는 경향을 초래할 수 있다는 점이다.

또한, 자치회의 경우 그 운영에 필요한 재정 가운데 상당 부분을 회원들의 회비에 의존하는 경향이 있기 때문에 운영의 효율성을 증대시키기 위해서는 무엇보다 많은 세대의 가입이 필요하다. 과거와 같은 단독주택 위주로 구성된 지역의 경우 다양한 광고 팜플렛과 방문을 통한 권유 등과 같은 다양한 방법을 통해 주민들의 자치회의 가입을 권유할 수 있으나, 아파트, 다세대주택의 비중이 높은 도시지역의 경우 현실적으로 기존의 방법을 통해 주민들의 가입을 권유하는 데 한계가 있을 수 있다. 특히 카와사키시의 경우 세대수의 증가에도 불구하고 자치회의 실질 가입률이 축소되는 현실에서 보면 더욱 문제가 된다.

이 외에도 일본 자치회의 구성과 운영적인 측면에서 많은 문제를 파악할 수 있지만, 한국의 주민자치회 설치 등이 예정되어 있는 초기 단계에서 역사적으로 오래되고 벤치마크를 할 정도로 정착화되어 있는 일본의 자치회에 대해 문제점보다는 좋은 점에 대한 시사점을 찾으려는 노력이 더 필요한 것으로 판단된다.

2. 해결방향의 모색

일본의 자치회는 최근 일련의 사회적·자연적 환경요인 속에서 새롭게 역할이 부각되고, 발전방안이 모색되고 있다. 자치회 역할에 영향을 미치는 환경적 요인은 여러 가지가 있겠지만, 그중 주요한 것을 살펴보면 우선, 2010년 고령자문제, 특히 고령자의 소재불분명문제가 크게 부각된 사건이 발생하였다. 도쿄의 아다치구(足立区)에서 111세로 되어 있던 남성이 실제로는 이미 30여 년 전에 사망한 것으로 밝혀진 사건이다. 이 사건은 자치회를 비롯하여 커뮤니티 수준에서 관리하는 것이 가능하지 않았는지, 좀 더 주민에게 가까운 곳(단체)에서 신경을 썼더라면 일어나지 않을 문제가 아닌지 등등 많은 논의를 야기시켰다.

또 한 가지 사건은 2012년 발생한 미증유의 동일본대지진이다. 후쿠시마 원자력발전소 사건을 포함하여 대지진의 여파는 막대한 물적·인적 피해는 물론, 많은 사람들의 마음에 치유하기 어려운 깊은 상처를 남겼다. 이 대지진은 후속적인 조치과정에서 자치회를 비롯한 커뮤니티의 결속력이 재해시의 인명피해 정도를 좌우하는 방재대응력에 영향을 미친다는 점이 부각되었다. 그 결과 지방자치단체는 물론, 각각의 자치회에서 독자적으로 대응력을 제고시킬 수 있는 방법들이 강구되어지고 있다.

이와 같은 환경변화에 따라 커뮤니티, 특히 도시커뮤니티에 있어 다양한 차원의 네트워크 구축이 활발히 검토되고 있으며, 자치회의 역할에 대한 의미와 무게중심 역시 일정 부분 변화를 겪고 있다. 그리고 이러한 변화와 함께 앞서 제기된 과제의 해결이 중앙정부 차원을 비롯하여, 지방자치단체 차원, 그리고 각 자치회 차원 등 다양한 차원에서 지속적으로 모색되고 있다.

일례로 중앙정부 차원의 경우 총무성은 2009년 '새로운 커뮤니티 모습에 대한 연구회'를 발족하였는데, 동 위원회는 2010년 제출한 보고서를 통하여 자치회를 비롯한 '지역의 다차원적인 주체가 활력을 결집하고, 상호연계·분담하여 지역주민의 수요에 대응하는' 일종의 거버넌스 형태로서 지역커뮤니티조직체(지역공동체)를 제시한 바 있다.

지방자치단체와 자치회 수준에서도 다양한 해결방법이 모색되고 있다. 자치회 활성화 추진계획의 책정, 자치회 운영에 대한 매뉴얼 작성, 자치단체의 새로운 재원지원 방법 모색 등이 도입되고, 또 각 자치회별 실정에 맞는 다양한 실천방안들이 채택·운영되어지고 있다. 이러한 노력들이 현재 자치회가 안고 있는 문제들을 어느 정도 해소시켜 줄지는 아직 미지수이다. 자치회가 안고 있는 과제들이 누적되어 온 시간만큼, 그 해결 역시 단시간 내 해소되기는 쉽지 않기 때문이다. 그럼에도 불구하고 자치회 스스로는 물론, 중앙정부와 지방자치단체까지도 자치회의 역할에 주목하고, 시대변화에 적응하기 위한 다양한 노력을 지속적으로 전개하고 있다는 점은 새로운 주민자치조직(주민자치회)을 준비하는 우리에게도 시사하는 바가 크다.

<보론>

한국의 주민자치회 설치 및 일본 자치회와의 비교

1. 주민자치회의 법적 근거

우리나라의 경우 최근 주민자치의 중요성이 강조됨에 따라 근린자치에 대한 관심이 높아지고 있다. 또한 지방자치체제의 개편에 있어서 읍·면·동 개편도 주요 관심사가 되었다. 그 결과 2010년 9월 16일 '지방행정체제 개편에 관한 특별법'을 통해 행정구역 개편 및 대도시 특례, 시군통합의 기준 및 개편, 그리고 읍·면·동 내 주민자치회의 설치 및 운영에 관한 규정이 이루어졌다.

(구)지방행정체제개편에 관한 특별법

제20조 (주민자치회의 설치) 풀뿌리자치의 활성화와 민주적 참여의식 고양을 위하여 읍·면·동에 해당 행정구역의 주민으로 구성되는 주민자치회를 둘 수 있다.

제21조 (주민자치회의 기능) ① 제20조에 따라 주민자치회가 설치되는 경우 **읍·면·동의 행정기능을 지방자치단체가 직접 수행하되,** 관계 법령, 조례, 또는 규칙으로 정하는 바에 따라 지방자치단체 사무의 일부를 주민자치회에 위임 또는 위탁할 수 있다.
② 주민자치회는 다음 각 호의 업무를 수행한다.
1. 주민자치회 구역 내의 주민화합 및 발전을 위한 사항
2. 지방자치단체가 위임 또는 위탁하는 사무의 처리에 관한 사항
3. 그 밖에 관계 법령, 조례 또는 규칙으로 위임 또는 위탁한 사항

제22조 (주민자치회의 구성 등) ① 주민자치회의 위원은 조례로 정하는 바에 따라 지방자치단체의 장이 위촉한다.
② 주민자치회의 설치 시기, 구성, 재정 등 주민자치회의 설치 및 운영에 필요한 사항은 따로 법률로 정한다.

그리고, 2013년 5월 28일에는 '지방분권 및 지방행정체제개편에 관한 특별법 (이하 특별법으로 칭함)'을 제정하여, 지방분권과 지방행정체제의 개편을 보다 체계적으로 추진하기 위한 법적 근거를 마련하였는데, 그 중에서도 읍•면•동에 설치할 수 있는 주민자치회 관련 법 규정이 개정되어 주민자치회 설치의 법적 근거를 강화 시켰다.

지방분권 및 지방행정체제개편에 관한 특별법

제27조 (주민자치회의 설치) 풀뿌리자치의 활성화와 민주적 참여의식 고양을 위하여 읍·면·동에 해당 행정구역의 주민으로 구성되는 주민자치회를 둘 수 있다.

제28조 (주민자치회의 기능) ① 제27조에 따라 주민자치회가 설치되는 경우 관계 법령, 조례, 또는 규칙으로 정하는 바에 따라 지방자치

단체 사무의 일부를 주민자치회에 위임 또는 위탁할 수 있다. ② 주민자치회는 다음 각 호의 업무를 수행한다. 1. 주민자치회 구역 내의 주민화합 및 발전을 위한 사항 2. 지방자치단체가 위임 또는 위탁하는 사무의 처리에 관한 사항 3. 그 밖에 관계 법령, 조례 또는 규칙으로 위임 또는 위탁한 사항 제29조 (주민자치회의 구성 등) ① 주민자치회의 위원은 조례로 정하는 바에 따라 지방자치단체의 장이 위촉한다. **② 제1항에 따라 위촉된 위원은 그 직무를 수행할 때에는 지역사회에 대한 봉사자로서 정치적 중립을 지켜야 하며, 권한을 남용하여서는 아니된다.** ③ 주민자치회의 설치 시기, 구성, 재정 등 주민자치회의 설치 및 운영에 필요한 사항은 따로 법률로 정한다. **④ 안전행정부장관은 주민자치회의 설치 및 운영에 참고하기 위하여 주민자치회를 시범적으로 설치·운영할 수 있으며, 이를 위한 행정적·재정적 지원을 할 수 있다.**

2. 주민자치회 설치를 위한 시범사업 실시

가. 추진 목적 및 근거

우리나라의 주민자치회 도입 및 실시의 가장 큰 목적은 주민 중심의 생활자치를 구현하는 것이라 할 수 있다. 즉, 행정의 기본적인 틀은 유지하되, 읍·면·동 단위에서 지역사회의 발전을 위한 정책의 결정 및 수행, 그리고 의사결정과정에서 주민들의 적극적인 참여를 활성화시킴으로써 주민중심의 생활·근린 주민자치를 실현하는데 있다. 이러한 목적을 달성하기 위해서 정부에서는, 「지방분권 및 지방행정체제 개편에 관한 특별법」(§29④)에 따라 읍·면·동 주민자치회 시범실시를 통한 성공모델 창출 및 개별 법률 제·개정으로 점진적인 전국적인 확산을 도모하고 있다.

나. 추진경위

첫째, 우리나라에서는 2012년 6월에 주민자치회의 도입을 위해서 주민자치회의 지위와 기능 등에 따라 '협력형', '통합형', '주민조직형'의 3가지 모델안을 구성하고 이를 '지방행정체제 개편 기본계획'에 반영하였다. 이를 상세히 살펴보면 아래와 같다.

□ 기본모형

〈그림 15〉 '지방행정체제 개편 기본계획' 상의 주민자치회의 표준 모델안

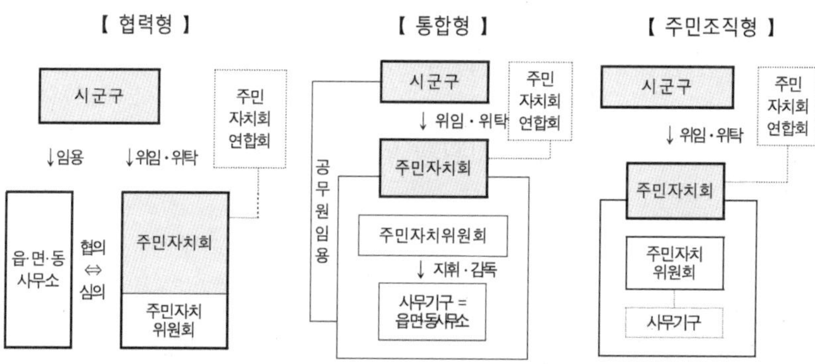

① (통합형) 주민자치회는 읍·면·동의 주민대표로 구성되는 의결기구(주민자치위원회)와 공무원으로 구성되는 집행기구(기존 읍·면·동사무소)를 통합한 형태

② (협력형) 읍·면·동의 주민대표(주민자치위원)로 구성되는 민간단체

- 읍·면·동사무소는 존치하고 현행 기능 수행

③ (주민조직형) 읍·면·동의 주민대표(주민자치위원)로 구성되는 민간단체

- 주민자치회 설치시 읍·면·동사무소는 폐지하고, 읍·면·동 행정기능을 시군구가 직접 수행

출처 : 안전행정부(2013), 읍면동 주민자치회 시범실시 설명자료

〈표 39〉 각 모델의 구성과 권한 지방정부와의 관계

구분	통합형	협력형	주민조직형
구성	주민자치위원, 공무원	주민자치위원	
권한	-주민자치기능 및 행정지원기능 수행 -읍·면·동 행정기능 수행	-주민자치기능 및 행정지원기능 수행 -일부 읍·면·동 행정기능 협의·심의	-주민자치기능 및 행정지원기능 수행
주민자치위원의 역할	-주민자치기능 및 읍·면·동 행정 기능에 대한 결정(의결기능)	-주민자치기능 결정 및 집행 -행정기능 협의·심의	-주민자치기능 결정 및 집행
읍·면·동 사무소	-주민자치회 사무기구로 전환	존치(행정기능 유지)	-읍·면·동 폐지 -행정기능을 지자체 직접 수행
지자체와의 관계	-시군구의 하부 행정기관 성격	-읍·면·동과 연계·협력(협의·심의사항에 대한 이행요구 등)	-시군구와 연계·협력(주민의견 제출 등)
사무기구	공무원	주민(주민자치위원)	주민(공무원 파견 요청 가능)

출처 : 안전행정부(2013), 읍면동 주민자치회 시범실시 설명자료

□ 주민자치회의 주민자치위원 역할

〈표 40〉 모델 별 주민자치기능과 행정(지원) 기능

구분	주민자치기능		행정(지원)기능		
		현 읍·면·동 행정기능			시군구 사무 중 위임·위탁 사무
	순수 주민자치 사업	주민생활 관련 행정서비스	위탁사무	기타사무	
통합형	○ (위원회 의결)		○ (시군구 혹은 읍·면·동과 협의)		
협력형	○ (자치회 의결·집행)	○ (자치회 협의·심의)	○ (위탁)	X	○ (위탁)
주민조직형	○ (자치회 의결·집행)	△ (자치회 의견제출)	○ (위탁)	X	○ (위탁)

□ 주민자치회의 설치단위

○ 읍·면·동 단위로 1개의 주민자치회를 설치하되, 특별한 경우* 예외적으로 분회를 둘 수 있도록 함

* 섬, 산간지역 등 인구가 적고 산재한 지역, 지리적으로 교통이나 통신이 불편한 지역 등

○ 분회의 설치, 구성 및 운영 등에 대해서는 주민자치회에서 결정

둘째, 이후 2012년 12월에 실시된 제21차 지방자치체제개편위원회 본위원회 회의를 통해 주민자치회 시범실시의 기본방향이 의결되었으며, 이 회의에서 구성된 주민자치회의 모델안 중 통합형과 주민조직형은 현행 법령에 위반되어 시범실시를 수행할 수 없기에, 협력형 모델에 따른 시범실시의 추진이 최종적으로 결정되었다.

〈표 41〉 협력형 주민자치회모델과 현행 주민자치위원회 비교

구분	협력형 주민자치회	현행 주민자치위원회
모형도	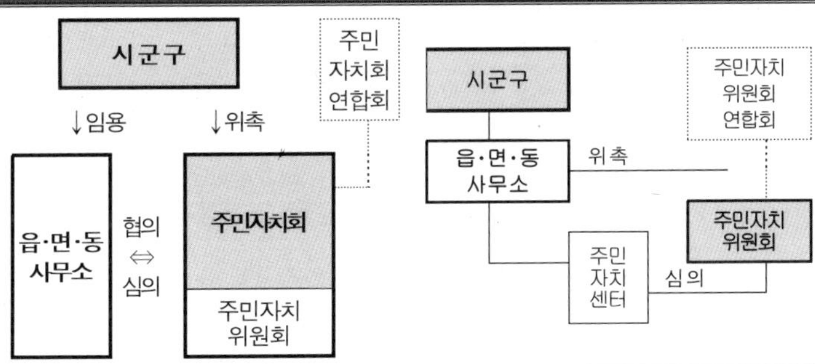	
형태	-읍·면·동 주민자치기구 ※ 읍·면·동장 견제기능 강화	-읍·면·동 자문기구 ※ 읍·면·동장 견제기능 미약
구성 (위원	-주민총회 또는 통리장 중 호선, 공개모집 등	-각급 기관이나 단체 추천 또는 공개모집

선출)	-시군구청장이 위촉 ※ 읍·면·동장 관여 배제 -읍·면·동별로 위원선정위원회를 구성하여 위원선출 관리	※ 실제 읍·면·동장 지명에 의한 위촉이 대다수 차지 -읍·면·동장이 위촉
기능	-읍·면·동 사무 중 주민생활과 밀접한 관련이 있는 사항에 대한 협의·심의 -주민자치기능 및 위임·위탁사무 처리	-주민자치센터 운영에 대한 심의·결정에 국한
재정	-자체재원(수익·위탁사업 수입, 사용료 등), 의존재원(보조금), 기부금 등으로 다양하게 구성	-읍·면·동사무소 지원 외에 별도 재원은 거의 없음
지자체와의 관계	-읍·면·동사무소와 별개로 설치 -대등한 관계에서 파트너십 구축	-읍·면·동사무소 일부 시설 운영을 목적으로 읍·면·동사무소에 설치 -대부분 읍·면·동 주도로 운영

출처 : 안전행정부(2013), 읍면동 주민자치회 시범실시 설명자료

다. 시범실시 원칙과 성공모델 유형

주민자치회 시범실시의 기본 원칙 및 성공모델 유형은 다음과 같다.

〈그림 17〉 현 주민자치회 시범실시의 기본 원칙

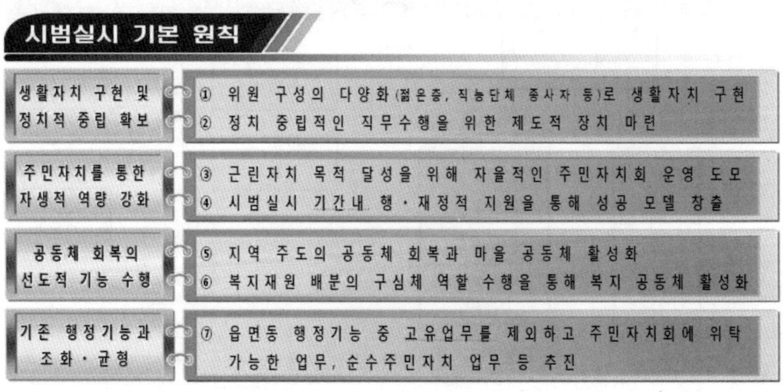

〈그림 18〉 성공적인 주민자치회 모델의 유형

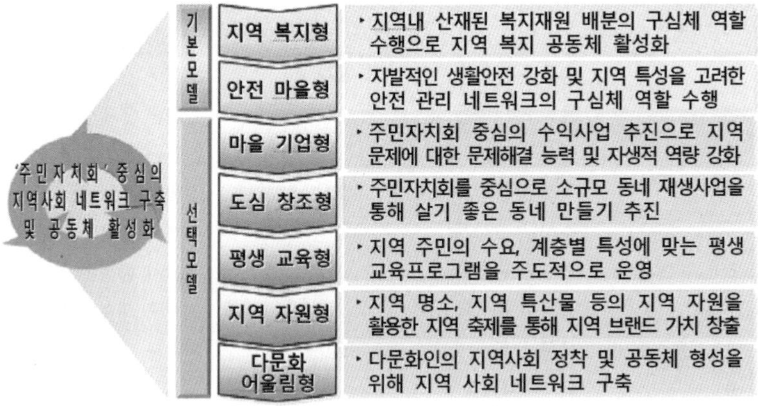

출처 : 안전행정부(2013), 읍면동 주민자치회 시범실시 설명자료

라. 시범실시 추진개요

1) 실시기간 및 대상

주민자치회의 시범사업은 2013년 5월부터 2014년 12월까지이다. 현재 4개 읍, 7개 면, 그리고 20개 동 지역의 총 31개 지역을 대상으로 한다. 시범실시를 행함에 있어서 해당 지역에 대한 행·재정적 지원을 위해서 안심마을 (생활안전과) 등 안전행정부의 유관사업과 연계 및 시범실시 우수지역 (공무원) 포상, 그리고 시범실시지역에 대한 재정 인센티브를 지원하고 있다.

〈표 42〉 주민자치회 시범사업 대상지역

구분	대상지역		구분	대상지역	
1	서울 (2)	성동구 마장동	17	강원 (2)	고성군 간성읍
2		은평구 역촌동	18		인제군 인제읍
3	부산 (2)	연제구 연산1동	19	충북 (1)	진천군 진천읍
4		동래구 안락2동	20	충남 (4)	천안시 원성1동
5	대구 (1)	수성구 고산2동	21		논산시 벌곡면
6	인천 (1)	연수구 연수2동	22		아산시 탕정면
7	광주 (3)	광산구 운남동	23		예산군 대흥면
8		북구 임동	24	전북 (2)	완주군 고산면
9		남구 봉선1동	25		군산시 옥산면
10	대전 (1)	동구 가양2동	26	전남 (2)	순천시 중앙동
11	울산 (1)	북구 농소3동	27		목포시 신흥동
12	경기 (5)	수원시 행궁동	28	경북 (1)	안동시 강남동
13		수원시 송죽동	29	경남 (2)	창원시 용지동
14		오산시 세마동	30		거창군 북산면
15		부천시 송내1동	31	세종 (1)	부강면
16		김포시 양촌읍			

출처 : 안전행정부(2013), 읍면동 주민자치회 시범실시 설명자료

2) 실시를 위한 구성 및 운영 등

해당 읍·면·동 주민, 주소를 두고 있는 사업장 및 단체 근무자를 대상으로 20-30명의 무보수 명예직 위원으로 구성한다. 선출의 공정성을 확보하기 위해 위원선정위원회를 구성하고, 정치적 중립성 확보를 위해 정당원의 참여를 배제하고 있다.

위에서 제시된 시범실시를 위한 성공적인 주민자치 모델과 관련한 7가지 모델 관련 사업 이외에 위탁업무를 실시한 수 있도록 하고 있다. 다시 말해서 읍·면·동의 행정기능 중 고유 행정업무를 제외하고 주민자

치회에 협의업무, 위탁업무, 주민자치업무를 구분하여 집행할 수 있도록 하고 있다.

〈표 43〉 주민자치회 수행업무 예시

협의 업무	위탁 업무	주민자치 업무
❖ 읍·면·동 지역개발 : 읍·면·동 단위 지역발전계획, 지역자원활용 마을만들기 등 ❖ 주민 간 이해 조정 : 지역 내 행정구역 변경계획, 혐오시설 주변 주민간 의견 수렴, 초등학교 통·폐합 계획 등 ❖ 시군구 추진사항에 대한 의견제출 : 지역 내 투자유치 계획, 교통신호 개선 등	❖ 주민자치센터 운영 ❖ 작은 도서관 등 공공시설 운영 ❖ 공원, 공중 화장실 등 공공 시설물 관리 ❖ 마을 휴양지 관리 ❖ 저소득노인 도시락 배달사업 ❖ 문화의 집 운영 및 관리 ❖ 여성회관 운영 및 관리 ❖ 자원봉사활동 지원	❖ 마을축제, 체육대회 등 읍·면·동 각종 행사 ❖ 마을신문·소식지 발간 ❖ 생활협동조합 운영 ❖ 동호회·스포츠 활동 ❖ 자율방범 및 안전 귀가 활동 ❖ 등하교길 안전관리 등

출처 : 안전행정부(2013), 읍면동 주민자치회 시범실시 설명자료

3) 시범실시에 대한 중간 평가

평가결과		
평가결과	-위원들의 역량발휘 한계 : 대부분 직업보유 -주민자치회 시범실시에 대한 공감대 형성 부족 -지역 특성 미고려에 의한 다양성 결여 -지원예산인 특별교부세로 인한 집행한계 노정 -사전 준비 부족 및 사업 전반 이해 부족 -주민자치회와 지방의회 간 역할 갈등 -기초자치단체의 공무원, 주민자치위원들의 주민자치회 사업에 대한 의식 부족 -기초자치단체의 장의 관심 및 의지 부족	-경상적 경비에 대한 시군구의 예산지원 확보 -시범사업에 대한 구체적 가이드라인 제시 -위원역량 강화를 위한 컨설팅 및 교육 필요 -시범운영 및 향후 계획에 대한 적극 홍보 -전담공무원 배치 및 행정지원 강화

출처 : 김병국(2014), 주민자치회 도입과제와 방향, 지방자치발전위원회 자치현장 종합토론회 발표논문

4) 향후 주민자치회 성공적 정착을 위한 쟁점사항

쟁점	
쟁점	-지방자치법 근거규정 해석상 "--- 읍·면·동에 ----주민자치회를 둘 수 있다"로 인한 현 주민자치위원회의 위상 재정립 -시범사업의 유형인 협력형 이외의 통합형과 주민조직형에 대한 처리방향과 최적 모델에 대한 논란 -설치단위의 읍·면·동 한정 혹은 단서로 도서지역 분회설치로 주민자치회 설치 목적 달성 여부 -시범사업에 대한 특별교부세 지원 이후 전국 확대의 경우 재정지원 여부 -시범실시 이후 읍·면·동과 주민자치회 간 집행의 독립성 인정 및 책임성 확보 -주민자치위원의 선출의 독립성 및 전문성 확보 -시군구 위탁사무의 주민자치회 위탁수준 및 범위 -주민자치회의 공간 및 정보화시스템 연계 문제 -주민자치회와 타 주민조직 간 협력적 거버넌스 형성

출처 : 김병국(2014), 주민자치회 도입과제와 방향, 지방자치발전위우너회 자치현장 종합토론회 발표논문

3. 한국 주민자치회와 일본 자치회 비교 및 시사점

가. 비교

안전행정부에서는 2013년 4월 10일에 실시된 설명회를 거쳐 동년 5월 7일까지 전국의 지방자치단체들을 대상으로 공모를 실시하여, 31개의 읍·면·동 지역을 주민자치회 시범사업 지역으로 선정하였다. 해당 지역들은 관련 조례의 개정 및 제정, 위탁사무의 결정, 주민자치회 사업 확정 등의 기반 작업을 거쳐 2013년 7월부터 사업을 시작하였으며, 이는 2014년 말까지 진행될 예정이다. 이러한 우리나라의 주민자치회와 일본의 정내회·자치회를 비교하면 다음과 같은 차이점을 지니고 있다고 볼 수 있다.

첫째, 우리나라의 주민자치회의 경우 현실적인 측면에서 지방자치

단체가 수행하는 사업과 정책에 대해 위임을 받아 수행하는 경향이 많은 반면, 일본의 경우는 주민자치회 주도로 지역 주민들의 삶의 질을 증진시키기 위한 사업을 운영하고 추진하는 등 주민자치의 기능이 보다 강하게 나타나고 있다.

둘째, 우리나라의 경우 주민자치회를 설치함에 있어서 그 기준이 읍·면·동 단위로 1개만 설치하도록 되어 있어 도시지역에 분소를 두는 것 외에는 설치가 인정되지 않아 그 관할 범위가 넓은 반면, 일본의 경우 한 지역을 다시 소학교구 등의 세부 구역으로 분리하여 세부 구역별로 자치회를 설치하고 있어 관한 범위가 적으며, 해당 자치단체의 인가를 받을 경우에는 법인격을 갖도록 되어 있다. 예를 들어, 사례지역이었던 미토시의 경우 소학교구(小学校区) 단위로 지구회를 설치하였으며, 다시 그 구역을 세분화하여 단위 자치회를 설치하여 운영하고 있다.

셋째, 우리나라의 주민자치회 위원은 조례로 정하는 바에 따라 지방자치단체장이 위촉하도록 규정되어 있는 반면, 일본의 경우 주민자치회의 회장이나 회계감사와 같은 임원을 선출함에 있어서 주민자치회 총회에서 직접 선출하도록 되어 있다. 이러한 측면에서 보았을 때, 일본의 자치회가 우리나라의 주민자치회에 비해서 상대적으로 지방자치단체로부터 독립성을 상당히 확보하고 있다.

넷째, 우리나라의 주민자치회는 시범실시 모델에서 보면 별도의 사무국을 두고 있지 않으며 주민자치 활동의 대부분을 해당 주민자치센터의 공무원이 주도하고 있는 반면, 일본의 경우 주민자치에 관한 일을 추진함에 있어서 지역 주민들이 자원 봉사의 형태로 적극적으로 참여하고 있다.

이러한 일본의 자치회와 우리나라의 주민자치회, 그리고 현재 운영 중인 주민자치위원회를 비교하면 다음과 같다.

〈표 44〉 한국의 주민자치위원회와 주민자치회 그리고 일본의 자치회의 비교

구분	주민자치위원회	주민자치회	자치회
근거	시군구 조례	「지방분권 및 지방행정체제개편에 관한 특별법」제27조 내지 제29조	지방자치법 제260조의 2
형태	읍·면·동 자문기구	읍·면·동 주민자치기구	시정촌의 장의 인가에 의해 법인격을 획득한 인가지연단체
위촉권자	읍·면·동장	시군구청장	시정촌장
대표성	지역 유지 중심, 대표성 미약	주민대표성, 전문성 확보	일정구역의 전세대를 대상으로 조직 – 지역의 포괄성과 대표성 확보
기능	주민자치센터 운영사항 심의	읍·면·동 사무 중 주민생활과 밀접한 관련이 있는 사항 협의·심의, 구역 내의 주민화합 및 발전, 지자체가 위임·위탁하는 사무 등	방재활동, 안전활동, 환경미화활동, 축제 등 이벤트 개최, 사회복지, 교육활동, 지역홍보, 행정 및 각종 단체와의 제휴, 구와 시의 요망사항 제출 등
재정	읍·면·동사무소 지원 외에는 별도 지원 없음	자체재원 (수익·위탁사업수입, 사용료 등), 보조금, 기부금 등 다양	자체재원 (정내회 및 자치회 회원들의 회비, 기부금, 회관임대료 등), 행정기관의 지원 (행정보조금, 사업지원금 등)
지자체관계	대부분이 읍·면·동 주도로 운영	대등한 관계에서 파트너쉽 구축	대등한 관계에서 행정기관과 주민 간의 중간역할 수행

출처 : 안전행정부(2013), 읍면동 주민자치회 시범실시 설명자료
출처 : 안전행정부(2013), 읍면동 주민자치회 시범실시 설명자료

나. 시사점

우리나라에서 읍·면·동 단위별로 주민자치회를 도입한 가장 큰 목적 가운데 하나는 지역주민들로 구성된 주민자치회라는 자주적인 자치조직이 마을 단위로 뿌리내림으로써 이른바 풀뿌리 민주주의를 활성화

하고 강화하는 데 있다고 볼 수 있다. 따라서 이러한 주민자치회는 지역사업에 대하여 주민들이 충분한 권한을 가지고 직·간접적으로 참여하는 행위를 보장할 수 있는 조직체가 되어야 할 것이다.

이를 위해서는 주민자치회가 단순히 주민들의 서비스 수요나 해결을 요하는 사항들을 수집하여 지방자치단체에 전달하고, 지방자치단체에서 수행하는 사업을 주민들에게 전달하는 단순한 전령 역할에서 한발 더 나아가 그들이 가진 권한 내에서 자체적으로 그들이 속한 마을의 발전을 위한 사업을 추진할 수 있는 권한이 구체적으로 부여되고 이를 위한 역량이 구비되어야 할 것이다. 이를 위해서는 지방자치단체에서 관장하는 사무와 주민자치회에서 자체적으로 실시할 사무가 명확하게 구분되어야 할 것이며, 기존에 지방자치단체에서 수행하는 사무 가운데 주민자치회 단위에서도 충분히 추진할 수 있는 사무들의 이관이 확실하게 이루어져야 할 것이다.

현재 일본의 경우 자치회를 설치함에 있어서 그 법적 근거가 명확하며, 이들에 대한 법적 지위 또한 명확하게 규정되어 있다. 우리나라의 경우 현재 주민자치회 설치가 현 주민자치센터 내 주민자치위원회를 대체하는 조직체로 이해되고 있지만, '지방분권 및 지방행정체제개편에 관한 특별법'에 따르면, "---읍·면·동에 주민자치회를 둘 수 있다"고 규정되어 있어, 법 해석상 현재의 주민자치센터 내 주민자치위원회를 그대로 운영해도 되거나 새롭게 주민자치회로 전환될 수도 있다는 것으로 판단된다. 따라서 주민자치회 시범실시 이후, 어떠한 방향으로 이를 확대하여 시행할 것인지를 결정해야 한다. 다시 말해 시범실시 이후 주민자치회를 전국적으로 확대하여 실시할지, 의무적으로 실시할지에 관하여 결정해야 할 것이다. 또한, 새로운 주민자치회가 현행 주민자치센터의 주민자치위원회의 기능을 대체하는 조직으로 존재할지, 혹은 현행 주민자치위원회의 기능을 보완하는 조직으로서 그 기능을 수행할 지에 대해서도 결정해야 한다는 것이다. 따라서 이러한 문제점을 해결하기 위해서는 관련법의 제·개정을 통해 주민자치회의 법적 지위에 대한 면밀한 검토가 이루어져야 할 것이다.

주민자치회에서 사업을 추진하고 운영하기 위해서는 그에 필요한 충분한 재정적 역량이 구비되어야 한다. 특히 주민자치회의 취지인 읍·면·동 단위의 구역 내에 거주하는 주민들이 필요로 하는 사업을 주민자치회 자체적으로 추진하기 위해서는 자주재원의 비중이 높아져야 한다고 할 수 있다. 그러나 시범사업 모니터링 결과 시범사업 지역의 주민자치회들의 경우 자체적으로 사업을 추진하기 위한 재원과 역량을 지니고 있음에도 불구하고 위원들의 전문성, 재원관리의 전문성과 투명성의 확보에 있어서 한계를 지니고 있는 것으로 나타났다. 만약 읍·면·동 공무원의 지원과 주도 하에 이러한 문제를 해결하게 된다면, 주민자치회의 운영형태는 현행 주민자치위원회의 운영형태와 크게 다를 것이 없어진다는 문제점이 나타날 수 있다. 따라서 주민자치회가 자체적으로 그 권한 및 예산과 재원을 효율적으로 집행할 수 있도록 그 기반을 구축해야 한다. 주민자치회 예산에 대한 보장 및 위원들에 대한 수당 지급의 현실화를 통해 주민자치회의 위원들이 그들의 행정을 수행함에 있어서 책임감을 가질 수 있도록 해야 하며, 위원들의 행정역량을 강화하기 위한 능력개발 및 교육이 함께 이루어져야 할 것이다.

시범사업지역들의 경우 선정이후 일정 수준의 예산지원 및 위원 수 보강이 이루어졌으므로, 주민자치회의 사업을 수행하는 데 있어서 소요되는 재원과 역량을 어느 정도 확보하고 있다고 할 수 있다. 그러나 향후 전국 단위로 확산될 경우 인적·물적 재원을 충분히 확보하지 못하는 지역들이 발생하게 될 것이다. 일본의 자치회에서는 지방자치단체로부터 지원받는 보조금 외에도 회비의 징수 등을 통해 자체적인 역량을 확충하고 있다. 따라서 시범사업 이후, 주민자치회를 확산 시행함에 있어서 자주재원을 충분히 확보할 수 있는 제도적 방안과 법적 근거가 마련되어야 할 것이다.

마지막으로 지방자치제도의 다양화와 풀뿌리 민주주의의 활성화를 위한 주민자치회의 최적의 모델을 선정함에 있어서 주민들의 의사와 지역적 특징을 우선적으로 고려해야 할 것이다. 그리고 실질적 근린자치를 실시한다는 측면에서 중앙정부는 주민자치회의 제도적 기반을 강화하고, 지방자치단체는 예산의 확보와 제도적 지원 및 각 주민자치회에 대한 다면적인 평가를 실시하여 주민자치의 확산을 주도해야 할 것이다. 또한, 주민자치회는 주민사회 조직화 사업을 추진하는 직접적인 집행의 주체로서의 역할과 지역 내에 입지한 다른 조직들과의 협력적 거버넌스를 구축하는 역할을 수행해야 할 것이다.

참고문헌

김병국·김필두(2010), 주민자치 강화를 위한 읍·면·동 개편모델 연구, 정책연구 2010-7, 한국지방행정연구원

김병국·김필두(2010), 주민자치회 법리적 검토 및 시범실시 방안, 정책연구 2010-08, 한국지방행정연구원

김병국(2014), "주민자치회 도입과제와 방향". 지방자치발전위원회 자치현장 종합토론회 발표논문

김필두·김병국·권오철·최인수 (2013), 읍·면·동 주민자치회 시범실시 모니터링 및 성과분석 , 한국지방행정연구원

대통령소속 지방자치발전위원회 (2014), 지방분권 및 지방행정체제개편 관련 법령집

안전행정부 (2013), 읍·면·동 주민자치회 시범실시 설명회 자료

안전행정부 (2013), 읍·면·동 주민자치회 시범실시 컨설팅단 전체회의 및 관계자 합동워크숍 자료

한국지방행정연구원 (2014), 주민자치 능력향상을 위한 제1기 「주민자치회 역량강화」 교육자료

岩崎信彦·上田惟一·広原盛明·鯵坂学·高木正朗·吉原直樹(2013), 町内会の研究, 御茶の水書房.

鳥越皓之(1994), 地域自治会の研究—部落会·町内会·自治会の展開過程, ミネルヴァ書房.

中田実·山崎丈夫·小木曾洋司(2009), 地域再生と町内会·自治会, 自治体研究社.

中田実·小木曽洋司·山崎丈夫 (2004), 新 自治会 · 町内会モデル規約ー条文と解説, 自治体研究社.

中田実(2007), 地域分権時代の町内会·自治会, 自治体研究社.

中田實(2002), 世界の住民組織, 自治体研究社

山田光也(2004), パリッシュ -イングフンドの地域自治組織の歴史と實態, 北樹出版

辻中豊, ロバート·ペッカネン, 山本英弘(2009), 現代市民社会叢書1：現代日本の自治会·町内会—第1回全国調査にみる自治力·ネットワーク·ガバナンス, 木鐸社.

佐藤文明(2010), あなたの｢町内会｣総点検 [三訂増補版] —地域のトラブル対処法, 緑風出版.

多田憲一郎(2006), “地域自治組織地域と住民自治”, 岡田知弘·石崎誠也 編, 地域自治組織と住民自治, 自治体研究社.

福留強(2013), “住民に役立つ自治会づくりを -自治会·町内会の再興と活性化策を考える-”, 月刊地域づくり, 平成24年5月.

森裕亮(2002), “わが国における自治体行政と地域住民組織 (町内会) の現状 — 行政協力制度を対象に —”, 『同志社政策科学研究』第3巻 (第1号).

伊藤雅春(2005), “町内会·自治会活性化の課題：大都市周辺部の町

内会·自治会のアンケート調査から", コミュニティ政策学部紀要(愛知学泉大学) 第8号

地方自治制度研究会 (2008), 地方自治ポケット六法 '09 (平成21年版), 学陽書房

東海自治体問題研究所 編(1984), これからの町内会·自治会―いかしあいのまちづくり, 自治体研究社.

地緣團體研究會(2009), 町內會·自治會等法人化手引, ぎょうせい

日本都市センタ-(2002), 自治的コミュニテイの構築と近隣政府の選擇

自治体 國際化協會(2002), コミュニテイと行政

共同通信, 日経グローカル, No.122, 2009.11.

内閣府(2007), 国民生活白書, 平成19年版, 内閣府.

松戸市 町会·自治会と市のパートナーシップ検討委員会 (2013), 町会·自治会と市のパートナーシップ検討報告書

川崎市 (2010), 平成25年度 町内会·自治会等支援関係事業等 要綱集

川崎市 市民児童局(2013), 市民委員会 内部資料

川崎市 市民局地域生活部地域生活課 (2007), 町内会·自治会アンケート調査報告書

川崎市 大島区連合町内会 (2010), 大島区社会福祉協議会 総会議案書

川崎市 川崎区 大島四丁目町内会 (2005), 居住者名簿

川崎市 川崎区 大島四丁目町内会 (2009), 平成21年度 定期総会 資料

川崎市区民会議 (2010), 第2期川崎区区民会議報告書

川崎市全町内会連合会 (2010), 町内会·自治会ハンドブック

水戸市 (2013), 水戸市新コミュニティ推進計画 ~ 地役が元気, 地役主役のまちづくり

水戸市住みよいまちづくり推進協議会(2013), 町内会加入のしおり

水戸市住みよいまちづくり推進協議会(2013), 町内会·自治会等運営の手引き

水戸市ランド常磐の会·水戸市常磐市民センター(2013), 水戸市 常磐地区 内部資料

Http://www.jichizaidan.or.jp

Http://www.city.kawasaki.jp

Http://www.city.mito.lg.jp

Http://www.kawa-zencho.com

Http://www.tamaku-chouren.com

부 록

우리나라 주민자치회 시범사업 관련 표준조례안

ㅇㅇ시(군, 구) 주민자치회 시범실시 및 설치·운영에 관한 조례

제1장 총칙

제1조(목적) 이 조례는「지방분권 및 지방행정체제 개편에 관한 특별법(이하 '특별법'이라 한다.)」제27조에 따라 풀뿌리자치의 활성화와 민주적 참여의식 고양을 위하여 읍·면·동(또는 동, 읍·면)에 두는 주민자치회의 설치 및 운영에 관한 사항과 같은 법 제29조에 따른 읍·면·동 주민자치회의 시범실시에 관한 사항을 규정함을 목적으로 한다.

(※ 도농 복합시는 읍·면·동, 일반시와 자치구는 '동', 군은 읍·면 등으로 조정)

제2조(정의) 이 조례에 사용하는 용어의 정의는 다음 각 호와 같다.

1. "주민자치회"란 제1조의 목적 달성을 위해 읍·면·동(또는 동, 읍·면)에 설치되고 주민의 대표로 구성되어 주민자치센터를 운영하는 등 주민의 자치활동 강화에 관한 사항을 수행하는 조직을 말한다.

2. "주민자치회 위원"이란 해당 읍·면·동(또는 동, 읍·면)의 주민을 대표하는 주민자치회의 구성원을 말한다.

제3조(운영원칙) 주민자치회는 다음 각 호의 원칙에 따라 운영되어야 한다.

1. 주민의 복리증진과 지역공동체 형성 촉진
2. 주민 참여의 보장 및 자치활동의 진흥
3. 읍·면·동별 자율적인 운영
4. 정치적 이용 목적의 배제

제4조(설치 등) ① 시장(또는 군수, 구청장)은 관할지역의 읍·면·동(또는 동, 읍·면)에 주민자치회를 설치할 수 있다.

(※ 도농 복합시는 읍·면·동, 일반시와 자치구는 '동', 군은 읍·면 등으로 조정)

② 주민자치회의 명칭은「○○읍·○○면 주민자치회 또는 ○○동 주민자치회」라 한다.

③ 시장(또는 군수·구청장)은 관할지역 내 다음 각 호의 지역에 대하여 주민자치회가 요청하는 경우 분회를 설치할 수 있다.

1. 도서 및 벽지 지역
2. 기타 지리적으로 교통이나 통신이 불편한 지역

제5조(기능) 주민자치회는 특별법 제28조에 따라 다음 각 호의 업무를 수행한다.

1. 읍·면·동(또는 동, 읍·면) 행정기능 중 주민생활과 밀접한 관련이 있는 업무에 대한 협의
2. 읍·면·동(또는 동, 읍·면) 행정기능 중 주민자치회에 위탁하여 처리하는 것이 바람직하다고 판단되는 업무의 수탁 처리
3. 기타 각종 교육 활동, 행사 등 순수 근린자치 영역의 주민자치업무

제2장 주민자치회의 구성 및 운영

제6조(주민자치회 정수) 주민자치회의 위원은 ○○명 이내로 구성한다.

(※ 지역 여건에 따라 20명 이상 30명 이내에서 자율적으로 결정)

제7조(위원의 자격) ① 주민자치회의 위원은 제9조에 따른 추천 또는 공개모집한 날 현재 만 19세 이상의 사람으로서 다음 각 호 중 어느 하나의 자격을 갖추어야 한다. 다만, 공직선거법 제19조에 따라 피선거권이 없는 자와 시(또는 군·구)의회 의원 및 위원선정위원회의 위원은 주민자치회 위원으로 선정될 수 없다.

1. 해당 읍·면·동(또는 동, 읍·면)에 주민등록이 되어 있는 사람
2. 해당 읍·면·동(또는 동, 읍·면)에 사업장 주소를 가지고 있는 사람

② 제1항 각 호에도 불구하고 둘 이상의 주민자치회의 위원으로 선정된 사람 및 제20조제1항제3호의 사유로 해촉된 사람은 해당 사유가 발생한 날부터 주민자치회의 위원 자격이 없는 것으로 본다.

제8조(권한) 주민자치회는 읍·면·동(또는 동, 읍·면)의 행정기능에 속하는 사무 중 다음 각 호의 사항을 수행할 수 있는 권한을 가진다.

1. 협의 권한 : 소규모 주민숙원사업 등 읍·면·동과의 대등한 관계에서 주민생활과 밀접한 관련이 있는 읍·면·동 기능에 대한 협의 권한
2. 수탁 권한 : 주민자치센터 운영 등 읍·면·동 행정기능 중 주민자치회에 위탁하여 처리하는 것이 바람직하다고 판단되는 업무의 수탁처리 권한
3. 주민자치회 관련 권한 : 마을 축제, 마을신문·소식지 발간 등 순수 근린자치 영역에서 주민자치회 유지를 위한 업무를 수행 할 수 있는 권한

(※ 지역에 따라 제5조의 주민자치회의 기능과 함께 규정할 수 있음)

제9조(위원의 선정) ① 주민자치회의 위원은 다음 각 호의 방법으로 위원선정위원회에서 선출한다.

1. 지역대표위원 : 이장·통장(또는 통장, 이장) 연합회에서 추천한 후보자

중 ○○명

(※ 지역에 따라 이·통장 협의회, 이·통장 등으로 규정할 수 있음)

2. 주민대표위원 : 공개모집 후 위원선정위원회에서 선정한 ○○명

3. 직능대표위원 : 전문가, 직능단체 대표 등을 대상으로 공개모집 후 위원선정위원회에서 선정한 ○○명

② 위원선정위원회는 제1항에 따라 위원 후보자 명부를 작성하며, 제1항 제2호 또는 제3호에 해당하는 대표위원 후보자 중 5명 이하를 순위를 정하여 예비후보로 선정한다.

③ 제2항의 위원 후보자 명부는 위원선정위원회 구성 후 30일 이내에 시장(또는 군수·구청장)에게 제출하여야 한다.

④ 시장(또는 군수·구청장)은 위원 후보자 명부 중에서 주민자치회의 위원을 위촉한다.

⑤ 주민자치회 위원의 사임 또는 해촉 등으로 인하여 결원이 발생한 경우에는 시장(또는 군수·구청장)이 다음 각 호의 방법에 따라 위촉한다. 다만, 전임위원의 남은 임기가 6개월 미만인 경우 위촉하지 않는다.

1. 지역대표위원은 제1항 제1호에 따라 재선정한다.

2. 주민대표위원 및 직능대표위원은 제2항에 따라 선정된 예비후보 중 선순위자부터 순서대로 위촉한다.

⑥ 시장(또는 군수·구청장)은 주민자치회 구성 후 주민자치회 위원에 대한 주요 인적사항을 1개월 이내에 공고 등의 방법에 의하여 해당 지역 주민에게 공개하여야 하며, 위원을 새로이 위촉한 경우에도 주요 인적사항을 같은 방법에 따라 즉시 해당 지역 주민에게 공개하여야 한다.

⑦ 주민자치회 위원 구성 및 선출방법 등에 관하여 필요한 세부적인 사항은 위원선정위원회에서 결정한다.

제10조(위원선정위원회) ① 주민자치회 위원의 공정한 선출을 위하여 시

군구(또는 읍·면·동)에 위원선정위원회(이하 "선정위원회"라 한다.)를 둔다.

② 선정위원회는 다음 각 호와 같이 9명 이내의 위원으로 구성하여 시장(또는 군수·구청장)이 위촉한다.

1. 읍·면·동(또는 동, 읍·면)장 추천위원 ○명
2. 이·통장(또는 이장, 통장) 연합회 추천위원 ○명
3. 해당 지역 대표 연합단체 추천위원 ○명

(※ 지역 여건에 따라 추천자를 이·통장연합회장, 학교장, 농협조합장 등으로 다양하게 구성)

③ 선정위원회는 제2항에 따라 추천된 위원 중에서 위원장과 부위원장을 각각 호선한다.

④ 선정위원회는 다음 각 호의 업무를 수행한다.

1. 위원의 선정방법과 제9조 제1항 각 호에 따른 대표위원별 정수 결정
2. 주민자치회 위원 선정기준 설정 및 선정·관리 등에 관한 사항
3. 기타 주민자치회 위원 선정에 관한 사항

⑤ 선정위원회는 성·연령·소득수준 등을 균형 있게 고려하여 주민자치회 위원을 선정하여야 하며, 여성 위원의 참여를 적극 장려하여 전체 위원의 100분의 40 이상이 되도록 노력하여야 한다.

⑥ 선정위원회는 해당 지역의 주민자치회의 위원 위촉이 완료될 때까지 존속한다.

제11조(주민자치회의 장) ① 주민자치회에 주민자치회의 장(이하 "자치회장"이라 한다.) 1명과 부회장 1명(또는 2명)을 두되, 자치회장과 부회장은 위원 중에서 호선한다.

② 자치회장은 주민자치회를 대표하며 주민자치회 업무를 총괄한다.

③ 자치회장이 부득이한 사유로 직무를 수행할 수 없는 경우에는 부회장

이(또는 부회장 중 연장자가) 그 직무를 수행한다.

(※ 지역에 따라 부회장 수, 자치회장 및 부회장 선출방식·임기·연임제한 규정을 자율적으로 결정)

제12조(간사) ① 자치회장은 주민자치회 위원 중 간사 ○명을 지명하여 주민자치회의 사무를 처리하게 할 수 있다.

② 자치회장은 필요한 경우 자원봉사자를 두어 간사를 보조하게 할 수 있다.

③ 자치회장은 제1항 및 제2항에 따른 간사와 자원봉사자에게 업무량과 근무시간을 감안하여 실비를 지급할 수 있다.

제13조(감사) 주민자치회에 감사 ○명을 두며 주민자치회 위원 중 호선한다. 감사는 주민자치회의 회계와 주민자치회에서 결정한 사항의 집행에 대하여 감사한다.

제14조(분과위원회) 주민자치회의 기능을 효율적으로 수행하기 위하여 필요한 경우 분과위원회를 둘 수 있다.

제15조(운영) ① 주민자치회는 정기회의와 임시회의를 운영하며, 정기회의는 월 1회 개최하고 임시회의는 자치회장이 필요하다고 인정하는 때와 읍·면·동장의 요청이 있거나 위원의 3분의 1이상의 요구가 있을 때 개최할 수 있다.

② 제1항에 따라 회의개최 통지는 자치회장 명의로 하며, 회의는 재적위원 과반수 출석으로 개의하고 출석위원 과반수의 찬성으로 의결한다.

③ 주민자치회는 동(또는 읍·면)의 관계 공무원에게 회의 출석요구를 할 수 있으며, 동(또는 읍·면)장은 주민자치회 회의에 출석하여 발언할 수 있다.

제3장 주민자치회의 위원

제16조(위원의 의무) 주민자치회의 위원은 주민자치회 운영에 대해 주민들의 의견을 수렴하기 위하여 노력하여야 하며, 주민자치회 운영과 관련한 각종 교육, 연수 등에 적극 참여하여야 한다.

제17조(정치적 중립) 주민자치회의 위원은 「특별법」 제29조제2항에 따라 정치적 중립의 의무를 가지며, 「공직선거법」 제60조제1항제7호에 따라 선거운동을 할 수 없다.

제18조(위원의 임기) 위원의 임기는 2년으로 하고, 연임할 수 있다.

(※ 지역에 따라 위원의 임기 및 연임제한 규정을 자율적으로 결정)

제19조(주민자치회의 위원의 대우) 주민자치회의 위원은 명예직으로 한다. 다만, 필요한 경우에는 예산의 범위에서 실비 및 수당을 지급할 수 있다.

제20조(주민자치회의 위원의 해촉) ① 시장(또는 군수·구청장)은 주민자치회의 위원이 다음 각 호의 어느 하나에 해당하는 경우 해당 위원을 해촉할 수 있다. 다만, 제1호 및 제2호의 경우 해당사유가 발생한 날 해촉이 된 것으로 보며, 제3호 및 제4호의 경우 주민자치회 재적위원 3분의 2 이상의 의결을 거쳐야 한다.

1. 해당 읍·면·동(또는 동, 읍·면)의 관할 구역 외에 거주하게 되거나 사업장을 떠나게 된 경우
2. 제7조 제1항 단서 및 제2항의 결격사유에 해당하는 경우
3. 특별법 제29조제2항 및 공직선거법 제60조제1항제7호를 위반한 경우
4. 직무태만이나 그 밖의 사유로 인하여 주민자치회 위원으로 적합하지 아니하다고 인정되는 경우

② 주민자치회의 위원은 다른 위원에게 제1항제3호 또는 제4호의 사유가 발생한 경우 재적위원 3분의 1 이상의 연서로 위원의 해촉을 자치회장

에게 요구할 수 있으며, 이 경우 제1항 단서에 따라 의결을 거쳐야 한다.

제4장 지방자치단체와의 관계

제21조(지방자치단체의 지원) ① 시장(또는 군수·구청장)은 주민자치회가 읍·면·동(또는 동, 읍·면) 주민을 위한 공공사업을 추진하거나 제5조의 사무를 수행하는 경우 행정적·재정적 지원을 할 수 있다.

② 시장(또는 군수·구청장)은 주민자치회 위원 및 주민의 자질 함양과 역량 강화를 위하여 교육 등 필요한 시책을 수립·시행하여야 한다.

③ 제2항에 따른 시책 수립을 위하여 해당 읍·면·동(또는 동, 읍·면)장 및 자치회장은 시장(또는 군수·구청장)에게 의견을 제출할 수 있다.

제22조(관계기관 등과의 협조) 자치회장은 주민자치회의 업무수행을 위하여 전문적 지식과 경험이 있는 관계공무원 또는 전문가의 의견을 듣거나 관련 기관·단체 등에 대하여 자료 또는 의견의 제출 등을 요청할 수 있다.

제5장 보칙

제23조(감독) ① 시장(또는 군수·구청장)은 주민자치회에 위탁한 업무와 재정지원 분야 등에 관하여 관련사항을 보고하게 할 수 있으며, 관계 공무원으로 하여금 그 업무에 관하여 조사하게 하거나 장부 및 그 밖의 서류를 검사하게 할 수 있다.

② 제1항에 따라 그 직무를 수행하는 관계 공무원은 그 권한을 표시하는 증표를 지니고 이를 관계인에게 보여 주어야 한다.

제24조(운영세칙) 기타 주민자치회의 구성 및 운영에 필요한 사항은 주민자치회의 의결을 거쳐 자치회장이 정한다.

부 칙

제1조(시행일) 이 조례는 공포한 날부터 시행한다.

제2조(적용례) 이 조례에 따른 주민자치회 시범 설치·운영은 ○○ 읍·면·동에 한하여 적용한다.

제3조(경과조치) 최초로 구성되는 주민자치회는 기존 「○○시(또는 군·구) 주민자치센터 설치 및 운영 조례」에 따른 ○○동(또는 읍·면) 주민자치위원회의 정관·재산 등을 승계하는 것으로 간주한다.

(※ 주민자치회가 기존 주민자치위원회를 승계하는 읍·면·동의 경우)

제3조(경과조치) 이 조례에 따른 주민자치회 구성으로 기존 주민자치위원회는 폐지된 것으로 본다.

(※ 주민자치회를 새롭게 구성하는 경우)